指向核心素养的
小学信息科技深度学习探索

于鹏飞　著

九 州 出 版 社
JIUZHOUPRESS

图书在版编目（CIP）数据

指向核心素养的小学信息科技深度学习探索 / 于鹏飞著 . —北京：九州出版社，2023.6

ISBN 978-7-5225-1932-6

Ⅰ.①指… Ⅱ.①于… Ⅲ.①计算机课—教学研究—小学 Ⅳ.①G623.582

中国国家版本馆CIP数据核字（2023）第112241号

指向核心素养的小学信息科技深度学习探索

作　　者	于鹏飞　著
责任编辑	李创娇
出版发行	九州出版社
地　　址	北京市西城区阜外大街甲35号（100037）
发行电话	（010）68992190/3/5/6
网　　址	www.jiuzhoupress.com
印　　刷	天津中印联印务有限公司
开　　本	710毫米×1000毫米　16开
印　　张	14.75
字　　数	204千字
版　　次	2023年6月第1版
印　　次	2023年6月第1次印刷
书　　号	ISBN 978-7-5225-1932-6
定　　价	68.00元

学而不思则罔，思而不学则殆。

——孔子

如果我们仍然以昨天的方式教育今天的孩子，无疑就是掠夺了他们的明天。

——约翰·杜威

前　言

2022 年 4 月，教育部印发《义务教育课程方案和课程标准（2022 年版）》，将信息科技及其所占课时从综合实践活动课程中独立出来，推出了《义务教育信息科技课程标准（2022 年版）》。由此，自 2000 年教育部印发《中小学信息技术课程指导纲要（试行）》之后确定的"信息技术"课程，也就正式更名为"信息科技"，进一步确立了这个学科的"科学"属性，而不仅仅是强调"技术"和操作。正如义务教育信息科技课标组组长熊璋教授所言："会打字、会操作、会编程，不表示能够熟练运用信息科学与技术解决生活学习中的实际问题，更无法上升到正确价值观、必备品格和关键能力。"

信息科技课程的使命，在于帮助学生提升数字时代的适应力、胜任力和幸福感，使学生学会知识积累与创新方法，引导学生遵守道德规范和科技伦理，培育正确的人生观、世界观和价值观，促进学生在数字世界与现实世界中健康成长。信息科技课程也要像语数英物化生等课程一样，在学生的人生成长历程中发挥重要作用。

因此，本书《指向核心素养的小学信息科技深度学习探索》中的"深度学习"，并非专指信息技术、机器学习以及人工智能等"深度学习"技术，而是指向更广泛的人类的深度学习，是触及心灵深处的学习，是深入知识内核的学习，是着眼问题解决的学习。

我们看到，随着人工智能时代的到来，人类在不断研究如何让机器实现自主学习，如果我们的教和学生的学还停留在浅层学习、机械学习层面，显然难以面对智能时代的挑战。作为一线教师和教学研究人员，我们亟须学习和践行深度学习理论，力求通过在小学信息科学学科推行指向深度学习的单元教学，摒弃当前教学中的陈旧方式，帮助教师加深对教学本质和过程的理解，发展学生的深度思维，培养学生的核心素养，促进学生更好地学习。这也是我们编写这本书的初衷。

本书共分五章。

第一章介绍核心素养目标下深度学习的内涵与意义，简要介绍深度学习的定义以及开展深度学习的重要意义；第二章介绍小学信息科技基于深度学习的教学设计，包括单元教学设计的定义、要素以及如何开发基于深度学习的单元教学设计；第三章介绍开展深度学习的实施策略，是在第二章开发单元教学设计的基础上，介绍如何组织实施深度学习；第四章提供了五个指向深度学习的单元教学案例；附录则收集了四个针对区域层面、学校层面的信息科技教育教学工作实践案例，希望能为一线教师和学校开展信息科技教育提供一定的帮助。

通过以上内容，力求实现三个目标：

一是聚集核心素养。希望能够帮助一线教师理解《义务教育信息科技课程标准（2022年版）》，聚焦信息科技学科核心素养，以立德树人作为基本导向，关注培养科学精神和科技伦理，培育社会主义核心价值观，树立国家安全观，提升自主可控意识，培养学生适应未来发展的正确价值观、必备品格和关键能力，提升数字素养与技能。

二是推广单元教学。单元教学是"深度学习"理论的重要载体，我们结合单元教学理念，对教材的部分内容进行整合重组，探索并撰写信息科技单元教学案例，希望带领学生在掌握学科核心知识基础上，发展批判性思维、创新合作和沟通交流能力等高阶素养。

三是贴近一线需求。本书介绍了有关深度学习的本质内涵、基本理论、实现策略等理论知识，又结合了一线教师、基层学校的优秀课例和典型经验，表述尽可能通俗易懂，并辅之以大量案例，增强本书的可读性。

编写过程中，我努力将自己的所思所想所做表达清楚，也真心希望能够给同行们一些启发和借鉴。但理想与现实之间总是存在差距，受囿于个人的见识和水平，呈现出来的难免差强人意。我期待得到大家的批评和建议，也感谢能够拿出时间阅读此书并提出批评和改进建议的朋友。或许几年以后，回头再看这本书，会为自己的浅薄而汗颜，那就说明我又取得了一些进步，也期待更好的自己。

目 录

第一章　小学信息科技深度学习的内涵与意义

核心素养是引领基础教育课程改革的新理念，是课程育人价值的集中体现。当前，世界各国的课程改革都以核心素养的培养为目标，进入素养时代。

随着信息科技的飞速发展，数字素养与技能成为社会主义事业建设者的一种必备素养和技能。对于一线教师来说，培养学科核心素养也就成为信息科技课程的出发点。新课程标准指出，信息科技课程要培养的核心素养，主要包括信息意识、计算思维、数字化学习和创新、信息社会责任。信息意识是指个体对信息的敏感度和对信息价值的判断力；计算思维是指个体运用计算机科学领域的思想方法，在问题解决过程中运用的抽象、分解、建模、算法设计等思维活动；数字化学习与创新是指个体通过选用合适的数字资源、平台、设备，有效组织学习过程与学习资源，开展探究性学习，创造性解决学习生活问题；信息社会责任是指个体在信息社会中的文化修养、道德规范和行为自律等方面应承担的责任。这四个维度互相支持，互相渗透，共同促进学生数字素养与技能的提升。

学科教学是学科思维活动的教学。思维活动的深度、广度决定了一个人的社会价值。小学信息科技教材中理论知识不多，教师在教学中存在着重视学生的技能操作、忽视高阶思维培养的现象。长此以往，学生信息科技学科核心素养的培育就难以保证。因此，信息科技课要以培育学生核心素养为导向，教师需要深入研究教学策略，帮助学生开展深度学习，让学生在学习中拥有参与感、成就感，真正达成有深度的教与学。

一、核心素养目标下的深度学习概述

未来社会必定是信息科技高度发达的社会，数字时代对人才素养的要求与传统社会大不相同。近年来，深度学习的研究迅速兴起，科技的发展对于教育的支持与变革，有效提高了学生探究、合作的深度和广度。小学信息科技学科的主要教学目标是通过信息科技的综合实践活动，培养学生们的基本数字素养，为他们将来走向信息社会、数字社会奠定基础。教师蜻蜓点水地"教"，学生浅尝辄止地"学"，无法实现发展学生信息科技能力、形成学生信息科技素养的教学目标，因此必须在信息科技教学中引导学生开展深度学习。

深度学习本是机器人研究领域的一个名词，就是让机器能够模仿人的大脑进行思考。近几年，学科教学领域也越来越重视和强调深度学习。深度学习是借助具有挑战性的问题激活深层动机，进而围绕问题展开切身体验的高阶思维，逐渐达成深度理解和实践创生。能够对学习者产生深远影响的学习样态，是把学生思维从低阶引向高阶的学习过程，更加关注学生对学习内容的深层理解，积极发挥学生的学习主观能动性，促进学生对学习内容的自我建构，参与创造性学习活动。

深度学习是与浅层学习相对而言的概念，主张学生自主参与到教学过程中，使小学信息科技教学更有效率。深度学习建立在理解学科核心知识的基础上，是一种积极的学习方式。学生在教师的指导下，通过解释、举例、分析、总结、表达、解决具体问题等形式开展有意义的探究性学习活动，通过对已有知识的重新建构，加速对新知识的理解。学习者灵活地迁移、应用知识，通过有效的合作创造性地解决实际问题，提高学习和反思的能力。学校把深度学习的概念引入教学之中，体现了育人为本的教育理念，无论在什么样的教学环境中，发展学生思维永远是第一位的。

深度学习具有内源性、整合性、深刻性、生成性这四个基本特征，分为深层动机、切身体验、高阶思维、深度理解、实践创生这五个基本维度。

深度学习能够激发学生学习的原动力，让学生的学习动机更有深度；能够帮助学生体会建构知识的过程，让学生更有深度地内化吸收；让学生学到更有深度的知识，收获深度学习的成果。深度学习教学设计包括四个基础要素：单元学习主题的选择、单元学习目标的确定、单元学习活动的设计和持续性评价的开展。

将深度学习机制引入信息科技学科教学，能够给学生带来更多学习和实践的机会，能够有效提升课堂学习效率。教师要正视深度学习的现实应用，树立深度学习教学意识，利用任务驱动、项目调动、知识链接、平台互动、实践训练等手段，给学生提供深度学习机会，促进学生学科核心能力的成长。

（一）选择单元学习主题

深度学习的判定有三个基本标准：知识的深度、知识的广度、知识之间的关联度。传统教材的知识体系，是将知识内容分割成小的知识点，基于"课时""知识点"编写教材。随着课程目标由知识本位转向素养本位，原有的教材编排方式，不利于教师整体把握单元学习主题，无法突出核心内容的整体目标和重点难点，也难以匹配和实现对学生核心素养的培养。

达成素养目标需要与之相匹配的单元教学设计。教师必须整体分析单元内容和主题，确定重点达成目标，设计引导学生深度探究的教学活动，在全面归纳单元知识的坚实基础上，以学习主题深度设计，帮助学生理解关键概念，形成知识架构及解决问题的思路。

新课标倡导"跨学科式"主题创设，将抽象枯燥的信息科技知识巧妙地融入生活情境，从而激发学生的学习兴趣、探究意识，让学生涌现有创意、有个性的想法，扩大学生的认知时空，为数字素养的提升添砖加瓦。

在信息科技教学中，主题的确定有多种方式，但都必须结合教学目标及教学内容、学生已有的知识经验，创设真实的情境，以提高学生的学习参与度和沉浸度。强调参与式学习、创造性解决问题的深度学习策略，将

"跨学科主题"作为信息科技课程的重要组成部分，倡导真实性学习。学科之间的深度整合是教育改革的必然趋势，我们把信息科技课程与相关学科相融合，设计了一些交叉式实践项目，教学情境与学生的真实生活有机结合，真正实现了"做中学""用中学""创中学"，凸显学生的主体地位。

在深度学习的基础上，教师也要重视信息科技知识的传授和讲解，将信息科技知识和实践应用有机结合，把控好教学内容的深度和广度。

【案例】

鲁教版信息技术教材第三册分为"文字编辑能手 Word"和"精彩漂亮PPT"两个主题单元。第一单元"文字编辑能手 Word"一共包括8课，如果按课时零散教学这八课内容，学生的学习也就止于掌握浅层次的操作技能，很难深度理解各知识点之间的关联，并进行创造性地迁移运用。

在深入分析八课内容之后，重组第1单元重点内容，分成三个学习板块：文字编辑、插入对象和排版布局。然后确定学习主题"文明交通"，并划分成"文明交通我倡议""交通标志我设计"和"出行手册我制作"三个前后关联的小主题活动，巧妙地连接起本单元三个学习板块。

在学习过程中，学生关注到知识点之间的联系，深度思考并创造性地运用所学知识，不仅能形成跨学科思维模式，还能培养合作意识、创新意识及实践能力。

教师基于学生认知水平和对学习主题的理解，整体分析及重组教材内容，指导学生积极地探究相关挑战性问题，深刻地掌握学科核心知识点，并运用所学解决实际问题。

（二）确定单元学习目标

单元学习目标，通常是指在完成整个单元的学习之后，学生应该获得的学科核心素养，比如综合运用本单元的知识与技能，掌握解题思路与方法，提升解决问题的能力，并且从中获得内心的愉悦与幸福感等等。深度学习的单元学习目标，是教师教学设计、教学实践的"指南针"，引领教师调控教学活动，反思教学行为。

课堂学习的过程是丰富且复杂的，教师要促进学生深度学习，首先要明确教学目标。但是在实际教学中，教学目标的确定存在如下问题：

没有从整体上把握单元教学终极目标，在设计教学目标时只考虑到具体课时目标，学生对知识点缺乏系统的理解；

教学设计偏重知识技能目标的实现，忽视了对学生能力、学习方法及情感态度价值观等方面的培养，学生的核心素养得不到真正的提高；

没有考虑学生的差异，没有对学习目标进行分层，而是片面地强调发展性目标。

针对上述问题，我们认真研读新课标，深度理解钻研教材，全面分析学情，科学设定单元学习目标。

1. 深度学习目标

深度学习目标是指向学科核心素养的。我们要从过去的三维目标转向现在的"核心素养"目标，设计学习目标时从培养学生的关键能力和必备品格入手，坚持立德树人根本任务，突出学科育人价值。

教师设计深度学习目标时应"大处着眼，小处入手"，以培养学生学科核心素养为根本理念，联系前后学段知识点，整合单元学习内容，设定好整体学习目标，不可只看小处，单就一课时或者一个概念来设计。

2. 单元学习目标

设计学习目标，必须先从本学科的课程目标入手，然后认真解读学期目标、单元目标，再结合学情设计出真正能够发展学生高阶思维能力的学习目标。

首先要研读理解课标。课程目标是学科课程的总体目标，规定着该课程的教学方向和学生通过学习该课程应达到的目标。每单元、每课时都是课程目标的具体分解，是教材编写、教师教学和考试命题的依据。

其次要认真研读教材。对教材的理解和挖掘的深刻程度，包括对多个单元学习主题的关系进行理顺和分析，在很大程度上决定着学习目标确定的精准程度。

第三要细致分析学情。学生的认知基础、学习心理、思维特点和发展需求等，包括学校和班级的实际情况，都是设定学习目标的重要前提。

具体地讲，单元学习目标可以划分为单元整体目标和具体课时目标两个层面，单元整体目标是指本单元在学科内容领域上所要达成的整体终极目标。根据国家课程标准和学生实际，要指向学生的发展，指向学科核心内容，指向学科思想方法，指向学生高阶思维，具有整体性、发展性、统整性和指导性。而具体课时目标是单元整体目标纵向上的系列化、序列化分解，指向学生对学科思想方法的理解，指向学生应用所学知识和方法解决问题能力的发展。教师应注意区分基础性目标和发展性目标。

【案例一】

以鲁教版教材第二册第二单元"互联网与大数据时代"为例。

《义务教育信息科技课程标准（2022年版）》指出，信息科技课程要培养的核心素养，主要包括信息意识、计算思维、数字化学习与创新、信息社会责任。学生应能理解科技给人们学习、生活和工作带来的各种影响，具有自我保护意识和能力；理解网络空间是人们活动空间的有机组成部分，遵照网络法律法规和伦理道德规范使用互联网，认识到网络空间秩序的重要性。我们设定了"领悟网络空间命运共同体对信息社会发展的重要意义，具备自觉维护国家信息安全、网络安全的意识，认识自主可控技术对国家安全的重要性"这一课程总目标，落实到五四学制第二学段（3—5年级）中，要求学生认识到自主可控技术对保障网络安全和数据安全的重要性。第二单元"互联网与大数据时代"介绍了信息隐私与安全模块相关内容。通过本单元的学习，学生能够初步了解到使用信息科技手段保管个人信息的优势，认识到信息隐私与安全的重要性，能在日常学习和生活中健康、安全地使用数字设备。

教材内容分析：网络模块是信息科技课程的重要组成部分，本单元旨在解决网络怎么用的问题。随着互联网的蓬勃发展，信息科技学科作为与计算机网络接触最为密切的学科，首要任务是培养学生安全使用网络的意识。通过本单元的教学，学生能够理解信息科技给人们学习、生活和工作带来的便利与挑战，能遵照网络法律法规和伦理道德规范使用互联网，养成正确使用网络的习惯，从而提高信息社会责任意识。

学情分析："互联网与大数据时代"是教材（鲁教版）第二册第二单元内容。在此之前，学生已经初步认识了神奇的互联网，掌握了浏览器的使用方法，会上网搜索及下载保存文件，会使用导航系统规划出行方案，会使用社交软件与人沟通、记录生活，会使用通信软件联通信息。虽然学生对互联网有一定了解，但是并未系统学习过相关知识。本单元教学重点是正确认识互联网与大数据，教师基于新课标以发展学生核心素养为导向的要求，将本单元整体学习目标设定为以下几项：

1. 了解电子货币的种类、网络支付的方式与流程、网络支付存在的问题与解决方法，以及大数据对日常生活的影响，培养信息科技学科"数字化学习与创新""信息社会责任"等核心素养。

2. 学会鉴别网络信息，了解网络安全知识，提高自身的数字素养，并能对信息进行正确、合理的分析与判断，自觉树立信息辨别意识。

3. 通过实践操作、小组交流等活动区分传统游戏与网络游戏，正确看待网络游戏，树立健康的游戏观。

【案例二】

以鲁教版教材第三册第一单元"文字编辑能手 Word"教学主题"文明交通"之交通标志我设计为例。教师首先解读课程标准，依据信息科技第二学段核心素养目标及学习内容，设定单元核心素养和单元核心目标：文字编辑、插入对象和排版布局。然后分析、解读单元核心目标的核心概念，找出单元知识点：插入对象，分为插入图片、艺术字，设置图片的文字环绕方式、叠放层次，修饰艺术字；绘制形状、插入文本框，形状组合；绘制表格，插入和删除行、列，调整行宽和行高。"插入对象"的三个目标任务——插入图片、插入图形、插入表格是并列关系，本节课的授课内容是如何插入图形，包括：掌握绘制形状、插入文本框的操作技巧、学会形状组合。

教师研读教材发现，学生在四年级时学习过"写字板"这种简单的文字编辑软件和画图软件的用法，能够在写字板中输入、编辑文字，插入、调整图片，以及在画图软件中插入图形。本次授课，教师应着重引导学生进行知识迁移，总结学习方法，进一步掌握图形的调整技巧，帮助学生构建有效的知识体系，加深对单元核心概念的理解。

本单元只学习"插入格式和类型设置"，重点知识和技能是"组合形状"，与"文本框"相关的其他内容将在后续课程中介绍。因此，教师将本课时学习目标设定为：掌握绘制形状、组合形状操作技巧，以及插入文本框的方法。

教师同时考虑到，小学阶段和初中阶段信息科技教学的衔接问题。小学阶段，教学内容是 Word 基本操作技巧；初中阶段，学习内容以前者为基础，趋向软件应用专业化（见表1-1）。小学阶段，教师主要培养学生的自主探究和合作学习能力，引导学生掌握多样化的学习方法；初中阶段，学生更加独立，能够根据学习需求自主选择合适的学习方法。

表 1-1 Word 单元小初衔接分析表

学段	学习内容	教学方法
小学	认识 Word，用 Word 编辑文字、图形、表格，设计简单的版面	设计"想一想""做一做""试一试""议一议"等活动，落实教学重难点，引导学生进行自主探究和小组合作学习
初中	设计整体版面、封面及版面美化、生成目录、审阅 Word	设计"项目主题""项目指导""项目实施"等环节，对学生学习小组提出活动建议，引导学生进行项目式合作学习

关注学情：五年级学生已经有了一年的信息科技学习基础，掌握 Word 基础操作技能，具备自主学习能力、小组合作能力和创新能力。信息科技课程要培养的核心素养包括计算思维，"通过设计算法形成解决问题方案""反思、优化解决问题的方案，并将其迁移运用于解决其他问题"，课程应加强对学生计算思维的培养。

基于上述分析，形成具体课时目标：

1. 通过绘制"让行"交通指示牌，并给指示牌安装把手，掌握绘制形状、形状填充、形状轮廓、添加文字及组合形状的基本操作方法。

2. 初步学会插入文本框、移动指示牌。

3. 综合运用本节所学知识，自主设计交通标志牌"礼让斑马线"。

学习目标是深度学习教学活动的预期结果，即学生通过探究学习主题应达到的结果。小学信息科技深度学习学习目标的设计，应以培养学生的核心素养为重点，体现学科的高阶思维，表达学习主题完成之后学生获得的学习结果，反映学科的本质及思想方法，促进学生深度理解学习内容，灵活运用知识、技能、策略，以及形成情感、态度、价值观等。

（三）设计单元学习活动

小学信息科技的深度学习，应围绕教材核心内容选择具有挑战性的学习主题，系统设计单元整体教学活动。在确定单元主题活动的基础上，设定单元学习目标，形成单元整体学习规划，并就活动完成情况设计评价方法。

随着新一轮课程改革的不断深入，信息科技的教学方法从无到有，教学模式也从借鉴和模仿其他学科逐渐过渡到形成具备学科特色的教学模式。相对于其他学科而言，信息科技学科更加强调技术与理论的结合，强调所学知识与实际生活相衔接，对学生的自主探究及合作精神要求更高。

在学生数字素养的培育中，方法技能的掌握固然是重要的，但更强调信息科技方法技能的理解和深度应用，能帮助学生真正理解信息科技，以及在需要的时候作出正确的判断和进行合理的使用，达成深度学习的目标和效果。也就是说，只有让信息科技课堂教学活动走出灌输、训练的误区，走向合作探究和实践的应用，深度学习才是有意义的。

小学信息科技深度学习的单元学习活动设计，以适合单元学习主题的问题情境为基础，引导学生进行基于真实问题情境的探究活动，以达到在理解核心知识的过程中，发展学生高阶思维、培养学生核心素养的目标。

单元学习活动的设计包括：学生参与哪些学习活动、怎样参与学习活动。通过参与深度学习活动，学生理解了单元主题，实现了单元学习目标。

【案例】

建构主义认为，知识不是通过教师传授得到，而是学习者在一定的情境，即社会文化背景下，借助学习获得知识的过程，其他人，包括教师和学习伙伴的帮助，利用必要的学习资料，通过意义建构的方式而获得。

鲁教版教材第三册第一单元"文字编辑能手 Word"教学主题"文明交通"，教师提问："同学们放学要过马路，正巧赶上了下班高峰期，车来车往，真危险！你有什么方法提醒过往司机注意让行，让小学生们安全通过斑马线？"这一问题情境创设后，学生们创新思维，产生了"设置交通标志牌""发放文明交通倡议书、宣传手册"等想法。

"文明交通我倡议"编写倡议书、"交通标志我设计"绘制图形、"出行手册我制作"制作宣传手册，3 个贴近生活、相对真实的活动设计，环环相扣，将本单元知识点巧妙地融入主题活动中，使学生深度理解和掌握所学知识、技能，形成问题解决方案，激发了学生的学习兴趣和探究欲望，培养了学生的创新意识和深度学习能力。

表 1-2　单元学习活动设计表

概念板块	板块目标	主题活动
文本编辑	1. 在 Word 中对文字进行增、删、改等操作 2. 灵活设置字体、字号、颜色 3. 掌握段落对齐、缩进、行间距的设置方法	"文明交通我倡议"，创设编辑倡议书的活动情境，在 Word 中编辑文本内容
插入对象	1. 掌握插入图片、艺术字的方法，学会设置图片的文字环绕方式、叠放层次，以及修饰艺术字 2. 掌握绘制形状、插入文本框的操作技巧，学会形状组合 3. 根据需求规划、绘制表格，插入和删除行、列，调整行宽和行高	"交通标志我设计"，创设制作交通标志的活动情境，在文本中插入图片、图形、表格等
排版布局	1. 根据需求设置版面，插入页眉、页脚、页码 2. 综合运用所学知识，制作简单的文集	"出行手册我制作"，创设编制出行手册的活动情境，综合运用所学知识制作安全出行交通手册

通过本单元的学习，学生学会了利用信息科技解决实际问题的有效方法，培养了自身的价值观、必备品格、关键能力，以及数字素养与技能。

信息科技是一门科学，深度学习是提高学生信息科技核心素养的催化剂。信息科技教师要以生为本，通过创设问题情境唤醒学生已有认知，着意迁移应用，面向问题解决，组织学生开展形式多样的深度学习活动。学科教学要遵循学生的认知规律，让课堂回归学科本质，选择与深度学习相适宜的教学策略，启发学生积极思考、主动探究，以提高数字素养，成长为新时代社会发展需求的人才。

在合作型探究学习活动中，学生们可以互相启发、互相补充，在互相交流中产生新的认知。而教师也可以从学生的一些创意作品中得到启发，达到教学相长的效果。因而，深度学习的教学设计重点应落在问题情境和学习任务上，引起学生的认知冲突，优化学生的信息科技认知结构，另外还要重点关注对学生的持续性评价。

（四）开展单元学习评价

学习评价能引领学生学习方向，对课堂教学具有重要的指导作用。评价活动主要是学生和学生之间，以及学生与教师之间的交流，是一种协作学习的机会。

1. 评价工具连接教学与评价

评价学生的思维过程，需要借助评价工具，教师不仅要关注学生是否积极主动地独立思考，而且要关注他们在任务完成过程中所表现出的策略水平和思维品质。一方面，教师对学生课堂学习的评价要及时、全面和准确。另一方面，教师要采取恰当而有效的方式将评价结果反馈给学生，让学生既能接受、认同评价结果，又能明确改进方向，进而不断自我调整，真正实现课堂深度学习的持续推进。

【案例】

基于学习目标，对于学生制作的电子板报，可以从以下几方面来评价：美观程度、布局合理、颜色协调、主题明确、内容丰富，以及 Word 和其他软件操作技巧。

评价量规是判断和测量学生作品质量的工具，起到引导学生运用本节所学知识进行创作的作用。合理明确的评价标准可以使教师在整个评价过程中保持客观、理性。制订评价标准时，用语应清晰、简练、易于量化，学生也可以参与进来，以更好地理解并执行评价标准。无论师评还是生评，评价都是基于标准的。有了明确的标准，学生即可轻松地分析自己作品的优缺点，并有针对性地进行修改和完善（见表 1-3）。

表 1-3　电子板报评价量规

	评价内容	星级
工具使用	通过修改"形状填充、形状轮廓"设计图形颜色及边框	☆
	插入文本框和文字，调整大小，设置颜色、字体	☆
	使用"形状组合"将设计元素融为一体	☆
版面创作	色彩搭配和谐、美观，布局得当	☆
	标语耳目一新，让人警醒	☆

上述案例中提及的评价量规是一种可观测、可量化的评价工具，是对学生的作品、成果、成长记录袋或者表现进行评价或等级评定的一套标准，也是连接教学与评价的重要桥梁。

2.过程性评价关注课堂教与学

过程性评价是一种在教学过程中对学生的学习进行评价的方法。教师充分发挥评价的导向作用，对学生的自主学习和协作学习情况做出评价。即只要学生积极参与教学活动就要鼓励，只要学生努力探究问题就要表扬，尽最大可能吸引学生加入深度探究和解决问题的队伍中。在信息科技课堂上，教师要从考核结果及学生的发展状况等多个维度去评价学生。

【案例】

在鲁教版小学信息科技教材第四册第八课"倒计时器"中，前两个任务让学生轻松了解了变量及新建变量的方式，并学会用不同的循环类型编写倒计时程序，最后一个任务"程序啄木鸟"，学生运用已学知识，对问题程序进行调试和修改，活学活用，巩固新知。

在这节课上，教师要及时给出过程性评价，以引导学生参与学习活动（见表1-4）。

表1-4　过程性评价标准

	评价内容
学以致用	每找到一处程序错误，加一颗☆
	每完成一处错误程序修改，加一颗☆
	每调试成功一组程序，加一颗☆
合作意识	主动帮助有困难的组员，加一颗☆
	小组全部完成问题程序，加一颗☆

过程性评价出现在上述案例的每一个学习活动中。教师通过评价引导学生深入分析、探究学习内容，及时调整学习方法和策略。

3. 持续性评价促进深度学习

持续性评价是以单元整体目标为依据，以具有序列性的课时教学目标为着眼点而设计的不同层次和水平的评价。

适用于深度学习的持续性评价具有以下5个特点：一是依据深度学习目标来确定具体评价标准；二是关注过程，包括建立标准并提供反馈；三是采用多角度和多样化的方式进行评价，考虑每个学生的差异，因人而异，不以统一标准要求；四是重反思改进，以"改进与发展"为导向，反馈意见详细、具体，能针对每个重要环节给予持续性的辅导，用评价激发学生的学习动力；五是师生一起制订评价细则，共同参与诊断评价的过程，让学生看到自己的进步，改进不足，而非简单地进行考核甄别。

【案例】

信息科技学科学业质量标准为教学、评价提供了重要依据，引导教师关注学生表现及其发展状况。新课标指出，学科课程的评价应是持续性的，坚持过程性评价与终结性评价相结合，自评与他评相结合，基础知识考核与实践应用考核相结合，加强学习结果的评估和应用，服务教育教学质量管理，监控学生学习过程，检验教学目标达成情况。

表 1-5　"交通标志我设计"持续性评价

单元目标	课时目标	评价目标	评价方式
1.掌握文本编辑、插入对象、排版布局等基本操作方法 2.综合运用所学方法对文档进行编辑整理，形成电子文集	通过绘制交通指示牌"让行"，给指示牌安装把手，掌握绘制形状、形状填充、形状轮廓、添加文字和叠放层次的操作方法	熟练掌握绘制形状、调整叠放层次的操作方法	交流展示 标准呈现 组内互评
	掌握调整组合形状、移动指示牌的方法	学会调整组合形状	交流展示 标准呈现 组内互评
	综合运用本节所学知识，自主设计交通标志牌"礼让斑马线"	综合运用绘制组合形状的知识	评价量表 组间展示 组内互评

在表 1-5 中，持续性评价的设计基于单元整体目标，对单元内每课时的学习目标有递进性的引导。教师灵活选择评价方式，综合运用针对学习活动的表现性评价和针对具体学习内容的评价量表，以及单元测试等方法，对学生进行评价。

二、开展小学信息科技深度学习的意义

（一）深度学习促进学生学科核心素养提升

核心素养是新一轮课改的创新点和突破点，具体到各个学科，又细化为各学科核心素养。信息科技学科核心素养包括：信息意识、计算思维、数字化学习和创新、信息社会责任。

深度学习是培养学生核心素养的有效途径，以核心素养为导向的信息科技教学着眼于学生对所学内容的整体理解，以及学生的知识建构和方法迁移，深度学习有助于学生高阶思维的发展，让学生在解决问题的过程中提高核心素养。

1.信息意识

信息意识是指个体对信息的敏感度和对信息价值的判断力。

小学信息科技教学目标包括提高学生计算机操作能力，以及使用各种信息工具获取信息、分析信息、处理信息的能力，有效利用信息科技解决学习问题。

教师把握好教学内容的深度和广度，归纳整理已授知识和技能，强化学生应用信息科技解决问题的意识。学生"掌握和运用信息科技手段表达、交流与支持自己的观点，根据信息价值合理分配注意力，提高学习信息技术的兴趣；增强数据安全意识，认识到原始创新对国家可持续发展的重要性"。

2.计算思维

计算思维是指运用计算机科学的基础概念进行问题求解、结构设计、行为推测的一系列思维活动。

当前我国中小学信息科技教学的一个重要任务是培养学生的计算思维。在信息科技课堂上，教师通过引领学生进行深度学习，培养学生的计算思维和创新能力。学生积极参与具有挑战性的主题学习活动，体验有意义的学习过程及成功的乐趣。

3.数字化学习和创新

数字化学习是指个体通过评估和选择常见的数字化资源与工具，有效管理学习过程与学习资源而完成学习任务的能力。具备数字化学习能力的学生能够认识到数字化学习环境的优势和局限，适应数字化学习环境，养成数字化学习习惯，掌握相关的数字化学习系统、学习资源与学习工具使用方法。学生自主学习、协同工作、分享知识与创新创造，在数字化学习环境中主动探索新知识，开发新技能，创新思考、分析问题，设计和创作个性化的作品。

一些学生认为文档、图片、音视频等软件在生活中作用不大，遇到实际问题，也不知运用学到的信息科技技能去解决问题。而深度学习倡导在真实情境中创设学习任务，以解决问题为宗旨选择适宜的技术，优化学生的学习体验。在这种从现实需求出发设计相关情境、注重创新和表达的学习模式中，学生采用数字化工具解决实际问题，数字化学习和创新能力均得到显著提升。

4. 信息社会责任

信息社会责任是指在信息社会中，个体在文化修养、道德规范和行为自律等方面的综合表现。信息科技课堂的深度学习，通过主题式学习活动和具有挑战性的探究任务，学生理解了学科本质，在学习知识与技能的同时，形成正确的价值观念、必备品格和关键能力。

对于学生而言，进行深度学习的收获是，深度理解与整体把握学习内容和探究主题，掌握学习方法和学习策略。学生不仅能够独立地提出问题和解决问题，而且能够恰当地评价和检验自己的思维活动，修正错误，不断提高思维活动的质量；同时，还能对他人分析和解决实际问题的能力做出评价，做到对于结论性的东西不盲从、不轻信，有独立见解。

（二）深度学习促进教师专业发展

苏格拉底曾说："教育不是灌输而是点燃。"为了深入贯彻落实信息科技新课程标准的精神，教师面临更新学科知识、提升跨学科教学能力和适应真实情境中的教学等多重挑战。对此，教师调整教学观念，在信息科技课堂上创设真实情境，设计探索式学习项目，促进学生深度学习，培养学生的信息意识、计算思维、数字化学习与创新、信息社会责任四大核心素养。

每一位教师既是研究者也是研究对象。教师在指导学生完成任务的过程中，不断讨论、反思、评价、纠错、优化任务，通过持续地学习、研究、实践、改进，自身专业素养也得到有效提升。

1. 深度学习发展教师的思考力

正所谓"学而不思则罔，思而不学则殆"，学习与思考是密不可分的，但很多教学行为中的思考只是停留在浅层的"想一想"阶段，而"思考"是一种高级的智力劳动。人们对事物深层次的理解，即经验的重新组织与解释，必须依赖思考力，必须充分展开高层次的思维过程。

深度学习可以训练人有条理地思考，即根据问题性质、思考对象，系统地思考，做到有条不紊，层层深入。对于深度学习来说，重要的是理解的"质"，而不是信息的"量"。教师开展深度学习的过程也是提升思考力的过程。

2. 深度学习发展教师的坚毅力

简单重复的劳动不一定能取得良好的效果，但质变需要量的积累却是毋庸置疑的。教师的专业成熟也是这样，需要找准自己的兴趣点和研究点，以执着的精神积累专业知识，在这个过程中可能会出现懈怠、受挫等情绪，教师需要自我激励及同伴的支持。

教师可采用学历提升、短期培训、校本培训、参与教育实践等多种方法实现专业成熟。深度学习则是发展教师坚毅力，促进教师专业成熟，让教师走向优秀的有效途径。

3. 深度学习发展教师的创造力

建构主义学习理论认为，学习是学习者主动建构的过程，学习者不是被动地接受外在信息，不是简单地复制和捕获信息，而是主动地根据先前知识结构和经验，有选择性地吸纳信息，解释信息，并生成新的信息。学习者以此建构对于新事物的个性化意义。

这个建构过程是双向的：一方面，学习者通过使用先前的知识，建构当前信息的定义，在加工、处理信息的过程中，生成新的信息；另一方面，被使用的先前的知识，学习者也不是从记忆中原封不动地提取出来的，而是根据具体案例进行二次建构，对原有知识产生新的理解。

　　由于要进行这种双向建构，学习者必须积极地参与学习，经常调整思路，保持认知的灵活性。老师们分享的多是自己的思想主张和价值判断，用自己的思考来评价书中的观点，最后形成自己的思想体系，这也就是深度学习带来的自主建构，带来的创造力提升。

第二章 小学信息科技深度学习的教学设计

一、什么是小学信息科技深度学习的教学设计

新课改背景下，小学信息科技教学组织形式也随之变化，我们将课时教学转为单元整体教学，以模块化的形式编排课程体系。小学信息科技深度学习教学设计，是在确定单元主题基础上，设定学习目标，形成单元整体学习规划，并针对学习活动完成情况进行评价的完整过程。

（一）以单元式学习为引领进行深度学习教学设计

以单元式学习为引领进行深度学习教学设计，是对单元内容进行整体规划，建立分支任务和单元整体之间的联系，让课时不再孤立存在，有效落实学科核心素养。

1. 单元内容划分

单元是教材内相对独立、自成系统的模块。小学信息科技教学，可根据需要按照教材固有单元进行划分，开展单元整体教学；或对课标、教材、学情等多方面综合分析，以落实核心素养为导向，规划教材内容，重构知识体系，以单元学习主题为载体，形成一个完整的单元设计，避免让学生重复低效学习某一种知识技能。

在划分单元内容时要注重梳理知识点所承载的核心素养，以项目任务为主线整合教材，培养学生的核心素养。

2. 单元目标设计

教师整体把握知识结构和教学思想，将所有知识点融入系统架构，引导学生将学习心得和学习经验进行知识迁移。

教学整体任务和分支任务之间相互补充。单元教学目标也是先整体后分支，分解为每课时的教学目标，学生根据一条主线串联起单元知识点，有效落实了学科核心素养。

3. 单元教学特点

（1）整合规划。单元教学设计就是从整体出发规划教材，制订教学方案，按照"整体设计、按序实施、持续评价"的顺序，通过各个分支任务来完成单元整体教学目标。单元教学设计可以将每课时内容作为一个分支任务纳入整体教学规划，帮助学生构建清晰的认知体系，提升数字化学习能力与创新素养。

（2）服务教学。单元式学习可以提高课堂效率，提升教师全局意识和教材把握能力，促进智慧型教师专业能力发展。教师从整体规划信息科技教学内容，也使得教学单元整体发挥的作用大于课时简单叠加所产生的效用。

（3）以生为本。单元式学习是一种以学生为中心的学习方法，以某一单元主题或者项目为主线，教师为主导，学生为主体。在教师的指导下，学生以团队合作的形式来处理一个相对独立的主题或项目，完成信息收集、方案设计、项目实施及成果展示等工作。这种教学方法遵循学生认知发展规律，可以促进学生全面发展，落实核心素养。

（4）迁移创造。教师重新解读教材内容，设计新颖的学习活动，以提升学生创新思维。学生根据不同任务进行知识迁移，从而内化信息科技核心素养。

（二）深度学习教学设计要素

信息科技深度学习以开展主题或项目活动为主进行多元化探究，围绕确定的学习主题，实施以核心素养为导向的信息科技课程，构建信息科技学科思维，通过系列问题和主题任务，促进学科核心素养的发展。教学设计核心依据是以单元学习主题设计为主线，贯穿整体的单元目标、单元活动、单元评价，为深度学习提供有力资源保障。因此，单元主题学习是构建知识体系和培养学生核心素养的桥梁，学生完成某一具有挑战性的综合项目，实现知识迁移应用，成为培养学生计算思维和数字化创新应用能力的重要手段。

深度学习教学设计的基本流程是：分析教材，研判学情，设定单元教学目标，划分认知层次，厘清每课时分支任务，选择教学方法，准备分课时教学素材，进行以解决问题为核心的教学设计。分课时教学设计要遵循单元整体教学规划，各课时之间要有内在联系，让学生关键能力、价值观念得到提升。

深度学习教学设计要素主要包括：单元学习主题、单元学习目标、单元学习活动和持续性评价。这四个要素不是各自独立的，而是构成一个相互关联的整体。深度学习教学设计以具有挑战性的学习主题为出发点，依据各要素编排教学活动。

1. 单元学习主题

实施单元整体教学是实现深度学习的有效途径。单元学习主题是教师首先要考虑的问题，学习主题可以是实际生活问题、社会热点问题，也可以是与信息科技相关的问题。无论以哪种主题开展教学，都要以学生为主体，设置涵盖单元核心知识、能够引起学生探索欲望的问题，将信息科技与探索性学习、素养教育紧密结合起来。

2. 单元学习目标

单元学习目标是学生在学习完单元所有课时之后，应该养成的学科核心素养。

教师在设定单元学习目标时，以核心知识为载体，旨在提升学生迁移内化能力，培养数字素养和学科方法。确定单元学习目标时，要将单元学习主题承载的信息科技学科核心素养具体化，促进学生深度理解和灵活运用知识、技能、策略，形成正确的情感、态度、价值观。

单元学习目标设计主要流程：

（1）分析教材主要内容，解读教材知识落实的学生核心素养，根据单元主题内容，划分整体单元学习目标概况。

（2）结合学情分析，综合考虑学生认知水平和情感、价值观，确定单元学习目标。

3. 单元学习活动

信息科技深度学习往往以生活学习中真实问题为情境，设计单元学习活动，学生在真实的问题情境中进行多样的探究活动，在理解核心知识的过程中发展高阶思维。学生从学习理解到内化应用，再到迁移创新，在单元学习活动中由浅入深地培养了信息意识和数字化学习能力。课堂上，为学生提供多元化的学习素材，打通知识到核心素养的通道。

4. 持续性评价

持续性评价是对学习目标达成情况的反馈，也是对学生的情感、态度、策略、价值观等方面的发展做出评价。持续性评价方法多样，包括师生的即时点评、教师的阶段性评价、教师的观测量表、学生的自我检查清单等等，为学生的深度学习活动成果持续地提供反馈，为学生改进自己的学习方法提供助力。教师也可以根据持续性评价调整后续教学内容和活动。

二、如何进行小学信息科技深度学习的教学设计

信息科技为基础教育改革提供了最优化的教学环境，也为培养学生核心素养发挥了重要的作用。基于核心素养的信息技术教学设计，从单课时教学转变为单元整体教学，有序编排教学要素。

（一）以学科核心知识为框架，规划深度学习主题

1. 深度学习主题类型

主题创设是教学设计的第一个环节，如果学习主题不明确，或者趣味

性、启发性不够，学生就很难产生学习兴趣，将出现课堂教学效率低下、学生积极性不高的局面。教师在创设单元学习主题时，要详细分析教材内容，了解学生的认知水平、生活环境和核心素养情况，设置与学生实际生活紧密相连的，与编程项目、Word 编辑、PPT 制作相关的主题情境。下面结合小学信息科技教材，介绍几种单元学习主题。

（1）生活类主题。基于生活问题创设的单元学习主题，将日常生活元素引入课堂，转为教学资源，激活课堂活力。教师需要关注社会热点议题，挖掘信息科技在生活中的应用素材，培养学生观察生活、分析问题、解决实际问题的能力。与学生的学习生活、文化生活、社会生活与实践，以及校园文化、城市文化、中国文化相融合的生活类主题，能够引起学生共鸣，促进学生积极思考，提升学生的探究兴趣。

【案例】

为加强生活垃圾分类管理，改善城乡环境，推进精致城市建设，威海市制定并出台了《威海市生活垃圾分类管理办法》，重点对生活垃圾分类类别、分类设施、收集容器、投放要求等规定了强制行为规范，并对分类收集、分类运输、分类处置、社会参与等工作提出制度要求。《威海市生活垃圾分类管理办法》自 2021 年 7 月 1 日起施行。

在此背景下，教师创设了相关主题情境，引导学生树立爱护环境的意识，学会利用信息科技工具来创新生活，保护地球家园。

小学信息科技教材第 4 册基础内容为图形化编程，教师基于深度学习理念，设置了单元作业"制作智能垃圾桶"，分为四个主题任务声控垃圾桶、体感监测倒垃圾、智能捡垃圾、慧眼识垃圾。学生根据智能垃圾桶的各种功能编程，利用响度积木实现声控垃圾桶，利用视频侦测模块实现体感监测倒垃圾、智能捡垃圾、慧眼识垃圾。垃圾桶的功能朝着人性化、智能化的方向改进，学生的计算思维和创新意识也得到提升。

（2）故事、游戏类主题。单元学习主题基于故事或者游戏情境进行创设，教师将教材内容与故事或者游戏相融合，创设学习和思维活动。故事、游戏类主题能够调动学生的视觉、听觉等多感官参与学习活动，使学生的认知渠道多元化。学生的情绪跟随故事或游戏情节波动，激发了学生的探究欲望，促进学生深度学习。

故事、游戏类主题非常适合 Scraino 编程教学，教师可以在大主题背景下，设置游戏分支情节。学生在各项闯关任务中，学会运用重点代码积木块做出动画、故事、游戏等，在运用 Scraino 语言编程的过程中，提升了计算思维和创新设计能力。

【案例】

以鲁教版小学信息科技教材第四册第五课《乌鸦喝水》为例，本课中《乌鸦喝水》这个孩子们耳熟能详的故事与 Scranio 编程结合在一起，教学重点是应用外观积木块及切换故事背景。课程一开始，教师创设"乌鸦喝水"的情境，学生合理运用程序积木块再现故事情节，并在此基础上改编故事，在创编故事的过程中培养了创新创造能力。

（3）问题类主题。创设问题情境，就是在教学内容和学生求知心理之间设障立疑，引入一种与问题有关的情境。情境是一系列精心设计的有效问题的集合，每个问题都不是孤立存在的，而是存在于一个问题系统中。这个问题系统应该是一个有机整体，问题与问题间相互关联，相互作用。一个问题系统的形成，需要以目标为前提，综合考虑问题类型的丰富性、单个问题的不可替代性、问题数量的合理性，以及不同领域、认知维度的问题比例上的科学性。因此，问题系统起到优化学习内容和学习过程的作用。

问题情境是启迪学生思维，激发学生兴趣的重要手段。教师要抓住时机，依据问题情境所提供的各种线索，引导学生从多角度、多方位进行分析、比较，以自主学习、小组合作学习等方式，发挥学生的主体意识、创新意识和动手实践能力。创设问题情境的方式多种多样，问题不仅是激发学生求知和创造冲动的前提，而且是学生吸收知识、锻炼思维能力的前提。问题存在于整个教学过程中，在初步解决问题后引出新的问题。问题情境的创设使课堂学习氛围生动又活泼，极大地激发了学生的好奇心和求知欲。学生在探索过程中创造性地提出一些假设，有利于培养其创新思维和探究能力。

【案例】

1.问题系统类型——问题集

情境预设：

师：对于功能强大的人工智能，你有哪些疑问？

生1：它为什么如此智能？

生2：它是怎么设计的？

引出本节课的核心问题：人工智能都有哪些设计策略？

第一，规则为主的人工智能设计。

师：和机器人聊天，你有什么体验？

生1：它为什么可以和我对话？

生2：为什么它的有些回答是一样的？

通过解决以上问题达成教学目标一：规则设计算法＋数据。

第二，监督学习为主的人工智能设计。

观看人工智能在生活中的一些应用场景：

人工智能主要擅长哪些工作？

人工智能为什么可以学习？设计策略是什么？

什么是监督学习？

监督学习的模式和算法主要有哪些？

第三，非监督学习为主的人工智能设计。

机器人对于一些未知的数据是如何学习的？

什么是非监督学习？

非监督学习的模式和算法主要有哪些？

监督学习和非监督学习主要区别是什么？

2.问题系统类型——问题链

根据问题的层次或推演过程，形成线性问题链。通常是层次关系、递进关系、延伸关系，这样一种分层次推进小步走模式，有助于达成教学目标。在问题与问题之间形成了"解决老问题—解决新问题—解决疑难问题—发现新问题"的循环链。问题链是突破教学难点，提升学生计算思维和数字化学习能力的有效方式。

教学目标二：监督学习为主的人工智能设计特点及应用。

教师可以纵向拓展提出以下问题：

生活中人工智能有哪些应用？（老问题）

机器为什么可以识别图像？（新问题）

图像识别的设计策略是什么？（疑难问题）

这样的设计策略应用了什么算法？（新问题）

（4）跨单元综合类主题。信息科技教材的编排并非不能改变，教师可以根据主题任务打破单元顺序，梳理知识点，基于真实情境设计关联性、综合性、实践性较强的探究活动或学习项目，提升学生解决实际问题的能力，培养学生的高阶思维。

【案例】

2022年，教育部发布《义务教育课程方案和课程标准（2022年版）》，将信息科技从综合实践课程独立出来。信息科技新课标以反映数字时代正确育人方向、构建逻辑关联的课程结构、遴选科学原理和实践应用并重的课程内容、倡导真实性学习、强化素养导向的多元评价为理念，依据核心素养和学段目标，按照学生的认知特征和信息科技课程的知识体系，围绕数据、算法、网络、信息处理、信息安全、人工智能六条逻辑主线，设计义务教育全学段内容模块，组织课程内容。

我们以"基于物联网的智慧苗圃系统"为单元主题，设计智能滴灌系统、智能苗圃培育系统、苗圃的洪涝灾害预防系统三种功能模块，每个模块通过系统设计和系统实现两部分来实现。系统设计主要内容包括：明确项目主题、制作项目规划书、绘制系统流程图或者草图、项目交流和展示等。系统实现主要包括：传感器的认识、硬件搭建、Mixly开源硬件编程、实验测试等。在系统测试阶段，师生用手机 App 获取传感器数据，控制电机装置远程管理农场，渗透物联网的概念及应用原理。学生综合运用数学、美术、综合实践、科学等学科知识来进行跨学科学习，完成"基于物联网的智慧苗圃系统"设计任务，提高了问题解决和动手实践能力，培养了创新思维和计算思维。

2. 深度学习主题的特点

单元学习主题需要依据课程标准来确定，一个合格的单元学习主题应能体现学科魅力，落实核心素养。

（1）分析教材内容，整合知识框架。通过分析教材，构建本单元知识框架，寻找知识点之间的关联，进而重构教材，将不同课时重合的核心素养点进行整合研究。例如，教材第三册第一单元"文字编辑能手 Word"第一课"文字处理初尝试"内容为文字输入，接下来的第二课、第三课内容是文字修改、装饰，教师就可以整合这三课内容并设置一个学习主题——让文字更出彩，提升学生的数字化创新素养。

（2）确定主题，体现学科核心素养。在确定主题时，我们需要考虑如何将本单元承载的核心素养充分体现出来，可以根据知识框架，找到知识点所体现的核心素养，学生通过解决一系列问题或完成项目任务，发展信息科技核心素养。

（3）调查学情，设计主题活动。确定单元主题时，需要分析学生的状态和需求，挖掘当前社会热点问题，设置学生感兴趣的主题活动，调动学生的学习积极性。

（二）以学科核心素养为重点，设计深度学习主题教学目标

1. 深度学习的本质

小学信息科技深度学习要以学科核心内容为基础（新版义务教育信息科技课程标准），设计具有挑战性、可持续探究的学习任务，落实信息科技学科核心素养。深度学习的本质是发展学生高阶思维能力。

深度学习教学设计基于以下两点考虑：一是信息科技课程核心知识的理解与掌握；二是学生高阶思维和关键能力的培养。例如，通过 Scraino 编程项目提升学生计算思维、数字化学习与创新能力。

深度学习目标与常规学习目标的相同点是，都围绕教材内容和信息科技课程标准的基本要求，制订符合学生认知水平的知识目标。

深度学习目标与常规学习目标的不同点是，即使是低水平的认知过程，如概念的记忆与再认，也要融入教学情境。

确定深度学习主题教学目标的基础是整体分析教学内容，提炼学习主题承载的核心素养，探索学习主题所映射的高阶思维和价值观念。

2. 深度学习主题教学目标的内涵

教学目标是主题教学的核心内容，主题教学是达成教学目标的载体和过程。设定主题教学目标需要从学生的深度学习和长远发展来考虑，兼顾知识、思维、能力和情感等多个层面，明确主题教学要达到怎样的教学效果。

威金斯与麦格泰提出的逆向教学设计主要关注三个问题：①到哪里去？即从支援学生学习的角度明确教学目标；②怎样才能到那里？即思考目标达成的教学活动；③怎样实现目标？即设计揭示目标达成的评价方法。可以看出，进行教学设计的首要任务就是确定学习目标。从既有的学习目标出发，从中获取学生必须理解的结构化学科知识等大概念。学生通过参与主题教学活动，培养相关的核心素养。

3. 深度学习主题教学目标的设计流程

（1）教材分析。从教材整体出发，梳理知识点之间的联系，整合同类核心素养，构建具有整体性、阶梯性的核心素养能力框架，培养学生的关键能力，提升深度学习实际效果。

在分析教材内容时主要考虑以下几方面：

第一，主题内容的整体作用，即该主题内容在教材体系中占有怎样的地位。

第二，主题内容蕴含的核心素养。

第三，挖掘本主题隐含的信息，渗透思维品质培养。

【案例】

信息科技新课标明确指出，学段目标需要围绕信息意识、计算思维、数字化学习与创新、信息社会责任四部分核心素养来设定。第一学段，关于信息意识素养，目标是激发学生使用数字设备的兴趣与意识，体验文字、图符、语音等多种输入方式的表达与交流效果，有意识地使用数字设备处理文字、图片、和声音；关于计算思维素养，目标是体验使用数字设备解决问题的过程，识别任务实施主要步骤；关于数字化学习与创新素养，目标是了解数字设备的使用方法，运用文字、图片、音频、视频等媒介，记录学习和生活中发生的事情，创作简单的数字作品；关于信息社会责任素养，目标是在浏览他人数字作品时能够友善地评论，尊重数字作品作者的权益。

根据以上目标，梳理教材第 3 册第 1 单元"文字编辑能手 Word"教学内容，主要包括 Word 排版和修改、简单处理图片，充分感受 Word 文档的优势；创作图文并茂的数字作品，并应用到实际生活中（见表 2-1、图 2-1、表 2-2）。

表 2-1　第 1 单元教学内容

课　时	内　容
第 1 课 文字处理初尝试	具有主动使用数字设备的兴趣，能够启动和关闭 Word 软件，认识 Word 窗口，输入文字，保存文件，规范使用数字设备，养成良好使用数字设备的意识
第 2 课 文字删改真方便	通过修改文章，包括移动光标、删除文字、添加文字等操作，掌握文字编辑主要步骤，体验使用数字设备解决问题的过程，提升计算思维
第 3 课 让文字更出彩	修改文字格式，包括字体、字号、颜色等；修改段落格式，包括对齐方式、缩进、行间距，提升计算思维
第 4 课 让文章图文并茂	掌握插入图片、设置文字环绕方式、设置图片叠放次序、插入与修饰艺术字的方法，尝试使用数字设备和数字资源参与学习活动，激发好奇心和学习兴趣，能够用文字和图片做记录，创作简单的数字作品，提升计算思维和数字化学习与创新能力

续表

课　时	内　容
第5课 绘制个性图形	掌握绘制个性化图形、组合图形的方法，用个性化图形组成一幅主题图片，有意识地丰富数字作品的呈现方式，提升数字化学习与创新能力
第6课 用表格呈现信息	通过在Word中制作、美化表格，添加、删除行或列，进一步增加数字作品的展示方式，分类保存、记录结果，需要时进行提取，提升计算思维和数字化学习与创新能力
第7课 让版面更美观	通过合理设置页面布局、页眉页脚，版面更加美观，提升数字化学习与创新能力
第8课 制作电子文集	本课为综合实践课程，是在之前的插入图片、艺术字、图文混排、表格、页面设置基础上的综合应用和提升，全面提升四个方面核心素养

```
Word单元教材分析
├── 单元内容的地位作用
│   └── 学生初次体验文字、图片等多种输入方式的表达与交流效果，激发学生使用数字设备处理文字的意识和兴趣，能够在实际应用中，通过文字、图片等方式创作简单的数字作品，提升计算思维和创新能力，为后续创作多媒体作品奠定基础
├── 体现学科核心素养的载体
│   ├── 信息意识
│   │   └── 规范使用Word软件，体验Word软件文字处理优越性，激发学习兴趣和求知欲，能够利用Word软件处理文字排版等问题
│   ├── 计算思维
│   │   └── 掌握Word软件中文字处理、图文排版、表格应用等任务实施步骤，解决实际问题
│   ├── 数字化学习与创新
│   │   └── 创作图文并茂的数字作品，并在学习与生活中应用
│   └── 信息社会责任
│       └── 分享与评价数字作品，尊重数字作品所有者权益
└── 单元教学重点、难点
    ├── 重点
    │   └── 通过文字处理、图片排版、表格应用培养计算思维
    └── 难点
        └── 通过制作图文并茂的数字作品提升数字化学习与创新能力
```

图2-1　第1单元核心素养分析

　　Word文字编辑功能强大，经过几课时学习，学生学会了设置文字、图片、表格、页面等关键元素，可制作电子文集，达成新课标第一学段目标。

1. 文字方面，我们将第一课"文字处理初尝试"、第二课"文字删改真方便"、第三课"让文字更出彩"整合为一个主题活动——让文字更出彩，学生通过该项目提升了数字化学习能力，能够创作简单的数字作品。

2. 文集修饰方面，我们整理了教学重点内容，包括"来自文件的图片""剪贴画""艺术字""绘制自选图形"等，整合为一个主题活动——让文章图文并茂，学生综合运用 Word 软件功能，以图片、文字等媒介记录自己的日常生活，创作图文并茂的数字作品。

3. 德育渗透方面，我们以"小小编辑家"为主题分解教学内容，进行德育渗透。学生在实践中练习编辑文字、图片、页面布局，提升了数字化学习与创新等素养。

表 2-2 第 1 单元教材内容重组对比

教材课时内容	调整后项目学习模块
1. 文字处理初尝试	1. 文字处理初尝试
2. 文字删改真方便	2. 让文字更出彩
3. 让文字更出彩	3. 让文章图文并茂
4. 让文章图文并茂	4. 用表格呈现信息
5. 绘制个性图形	5. 制作电子文集
6. 用表格呈现信息	
7. 让版面更美观	
8. 制作电子文集	

（2）学情分析。学情分析是对学生已有的核心素养、态度能力、学习兴趣等方面进行分析。教师不仅需要关注学生现有的状态，还需要关注本主题教学能够对学生的知识结构、核心素养产生哪些影响，为后续教学设计、重难点任务的设置提供量化标准。

在分析学情时主要考虑以下几方面：

①核心素养。学生在当前学段已经形成的核心素养水平，以及通过本主题或项目学习可达成的核心素养目标。

②分析策略。为了尽可能地提高教学效率，需要考虑采用哪些方法收

集学生的素养基础、学习兴趣、已有技能等信息，从而选择合适的教法，引导学生进行深度学习。一般来说，可以采用课前访谈、问卷调查、课堂观察及课前测验等方法分析学情（见表2-3、2-4）。

【案例】

表2-3　课前访谈问卷

访谈者姓名	访谈科目：信息科技
访谈者所在年级：五年级	教材：《信息技术》（山东教育出版社）
访谈内容提纲：	
1. 你对用计算机软件体验文字输入感兴趣吗？【信息意识目标】 2. 你了解Word办公软件吗？在日常生活中哪些场景可以应用？【计算思维目标】 3. 你想用Word处理哪些实际问题？【数字化学习与创新目标】 4. 你希望在信息科技课上，老师采用哪种方法教学？【教师演示操作、小组合作探究、导学案自主分析】 5. 如果教师采用主题式教学法授课（主题式教学是指教师先确定某一主题，创设相应的情境，学生在这个情境中交流、学习），你会喜欢什么主题？	

表2-4　"小小编辑家"主题教学学情分析

学情分析	教学策略
学生已有核心素养： 通过课前访谈得知，学生在四年级时初步学习了在写字板软件中输入文字的方法，对用Word创作数字作品兴趣浓厚。同时，学生了解画图软件的用法，会打开文件、软件，具有基本的计算机操作技能。这些是学生学习本单元的基础，也是培养学生核心素养的助力	对于计算思维目标，可以通过对比写字板和Word两种文字编辑软件，将部分文字输入、窗口操作、简单菜单操作等知识进行迁移应用。可采用观察、分析、讨论、小组合作探究等教学方法，加快学生对Word软件的了解
学习难点： 根据访谈调查得知，学生只掌握了输入、删除等编辑文字的方法，对文章排版、修饰了解比较少，没有文字、图片、表格结构化的概念，数字化学习与创新目标需要提升	通过基于主题的综合实践活动，将Word文字编辑系列的知识技能，进行模块化教学，帮助学生构建知识体系，达成数字化学习与创新目标

（3）教学目标。主题教学目标需要根据教材内容分析和学情分析来设计，细化主题承载的信息科技学科核心素养，从整体上确定学生的发展方向。课时目标是主题整体目标的分解，是每节课实施后需要达成的细化目

标，是学生对具体课时内容所要提升的核心素养和发展的高阶思维。

①主题目标。主题目标可以分为单元目标和课时目标。

单元目标，指在完成单元多个课时的学习之后，学生应该获得的学科核心素养，对各课时目标具有引领作用。

课时目标，指在教材分析、学情分析、单元主题已经确定的前提下，分解单元目标，根据具体课时内容设置针对性强，与教学活动、评价相匹配的教学目标。

②主题目标与课时目标的关系。教师以主题目标为指导，制订课时目标。传统教学是零散地讲授知识内容，每节课之间没有连续进阶的联系，学生对如何构建知识体系一知半解，只是机械地听课，模仿老师的操作。而深度学习主题教学目标具有整体性和发展性，以单元目标为指导，设计每节课时的目标，课时目标之间互相关联，相互影响。通过多节课时的共同作用，学生可以归纳总结知识，划分出重点和要点，并掌握可迁移应用的优势技能。实际上，主题目标是以单元目标、课时目标为基础而达成的，只有把握好主题目标才能设计出合理的单元目标、课时目标。

深度学习的教学设计是紧密围绕教学目标展开的，通过各课时目标来落实教学目标，引导学生深入思考，逐步培养核心素养。主题目标、单元目标和课时目标，并不是孤立存在的。

③主题目标的制订原则。以核心素养为导向整体把握主题目标与学科核心素养的关系，以发展学生核心素养为前提，筛选主题目标。

单元重难点目标基于学情分析，整合教材核心内容，提炼单元重点和难点并设定目标。

课时目标是主题目标和单元目标的细分，各课时目标之间相互联系，形成单元课时目标群。

④主题目标的特点。

以学生为主体。知识和技能、过程和方法，以及情感、态度和价值观是新课程目标的三个维度。教学目标的核心是知识和技能，基于深度学习的主题教学目标陈述对象主体是学生，从学生已有的认知水平，情感、态度和价值观考虑，陈述本主题教学目标，将反映教师做的事情，类似"让学生……"等句式转换为"培养（学生）……""帮助（学生）……""提升（学生）……"等句式，也可以直接省略学生二字，切实关注学生的心理状态、思维水平、情感态度等。

指向高阶思维，关注核心素养。深度学习目标更加注重学生能够通过课堂活动来提升数字素养和高阶思维能力，不仅仅是知识与技能的传授，还要反映学生解决问题的能力，以及学生对学科思想和方法的理解（见表2-5）。

【案例】

表2-5 "小小编辑家"主题目标

"小小编辑家"核心素养导向的主题目标	实施内容	具体达成目标
1. 激发学生使用数字设备的兴趣与意识，体验文字输入的过程，有意识地使用数字设备处理文字，达成信息意识学段目标 2. 通过使用Word完成文字处理、图文排版等任务，掌握Word操作技巧，在实际应用中提升计算思维	文字处理初尝试	1. 通过探究启动和关闭Word的过程，扩展思维，培养用不同方法解决同一问题的能力和借鉴以往知识经验进行迁移的能力，养成良好使用数字设备的信息意识，提升使用数字设备处理文字的兴趣 2. 初步使用Word编辑文字，观察各窗口功能，体会用Word处理文字的方便快捷，培养学生有意识地使用Word处理文字的意识
	让文字更出彩	1. 通过自主探究、交流归纳等活动，掌握修改文字（删除、插入、移动、复制、替换）的技巧，能根据任务灵活修改文章 2. 掌握字体、字号、颜色及段落对齐、缩进、行间距的设置方法，感受文字修饰在文章表达上的重要性 3. 能够根据文章内容恰当地修饰文档，提高审美能力，体验使用数字设备解决问题的过程，提升计算思维

续表

"小小编辑家"核心素养导向的主题目标	实施内容	具体达成目标
3.通过参与综合实践活动"制作电子文集"体验Word强大的文字编辑功能，创作个性化数字作品，提升数字化学习和创新素养 4.通过作品分析与相互评价活动，渗透德育教育，达成信息社会责任目标	让文章图文并茂	1.能够在文章中插入图片、艺术字、自选图形，尝试使用丰富的数字资源开展学习活动，激发好奇心和学习兴趣 2.根据文档内容，在适当的位置加入修饰元素，让文章图文并茂，在真实情境中用文字、图片创作简单的数字作品，提升计算思维和数字化学习与创新能力
	用表格呈现信	1.通过参与实践活动，理解表格的作用，能够规划、插入表格 2.学生自主探究，掌握调整表格行高列宽的操作方法、利用表格工具栏修改表格行列数，提升计算思维 3.学生通过小组合作共同探究修饰表格，掌握修饰表格文字、底纹、边框的方法，进一步提升数字作品展示方式，促进计算思维和数字化学习与创新目标达成
	制作电子文集	1.欣赏制作精美的电子文集作品，观察封面、目录、正文、封底，能够说出制作电子文集的步骤，达成计算思维目标 2.通过任务实施，掌握图文混排、表格制作等常用操作技巧，达成计算思维目标 3.积极参与小组合作活动，创作个性化的数字作品，交流分析并相互评价，感受合作学习的乐趣，并激发团结互助精神，达成数字化学习与创新目标和信息社会责任目标

（三）以解决实际问题为目标，设计深度学习主题教学活动

小学信息科技深度学习主题教学设计，应根据学生认知水平，分析核心学习内容，指向单元整体目标，着力体现深度学习的理念，引发学生积极参与，促进学生深度思考，实现具体课时目标和单元整体目标。在具体操作过程中，围绕真实情境和富有挑战性的学习主题，实践体验、深入探

究、创新发展，提升信息科技学科的信息意识、计算思维、数字化学习与创新、信息责任四大核心素养，落实立德树人的目标。

1. 设计引发学生深度学习的问题情境

在深度学习的基础上，教师要想展现信息科技的教学主题，开展主题式单元教学，必须重视信息科技知识和实践的有机结合，保证整个教学内容具有一定的深度和广度。为了实现这一目标，教师应突破传统的教学观念束缚，为学生创设信息科技问题情境，实施有效的教学策略，锻炼学生在信息科技方面的实践与创新能力，使信息科技问题情境教学效果最大化。

（1）问题情境的设计要凸显信息科技学科本质，能引发学生深度学习。

"学始于疑"，人类认识世界起源于问题，信息科技学科的本质问题是提升学生的核心素养，把信息科技的本质问题融入教学情境中，创设和学生的认知有冲突的问题情境，让学生在解决冲突的过程中，通过探究，理解信息科技本质，让学生带着强烈需求，产生疑问、主动提问，引发深度学习。

【案例】

以鲁教版信息科技第4册第4课"幸运大转盘"为例，教学内容是利用大转盘进行公平、公正的抽奖。实际生活中的幸运大转盘真的没有这么"幸运"，中大奖概率特别低。因此，我们将"制作电子点菜单"和"幸运大转盘"两课内容相融合，进行深度学习。

图2-2　幸运大转盘

教师让学生观察幸运大转盘的盘面（如图2-2），说一说自己的发现。学生会发现，盘面被平分成了五等份。学生根据盘面信息猜测抽到一等奖的概率，所有人都说概率是五分之一。这时教师组织一次抽奖活动，六名同学上台抽奖，两名同学抽中五等奖，两名同学抽中四等奖，一名抽中三等奖，一名抽中二等奖。结果出乎意料，这时就出现了认知冲突，学生提出了疑问：为什么抽不到一等奖？为什么抽到低奖项的人那么多？教师梳理问题并进行引导，幸运大转盘抽不到一等奖、低奖项概率高的秘密就藏在"列表"中，从而引出"幸运大转盘"的核心知识，学生急于破解幸运大转盘抽不到一等奖的秘密，学习积极性大大提高。学生通过深度学习，探究发现转盘从初始位置（指针指向五等奖的中间位置）顺时针旋转几个72度，就对应几等奖，如果列表中不出现和一等奖对应的度数就不会抽到一等奖，如果列表中低奖项对应的度数出现的次数多，抽到低奖项的概率就大。

上述抽不到一等奖的问题情境涉及信息科技学科中的列表问题，学生们发现问题，提出问题，解决问题，培养了计算思维能力。

（2）问题情境的设计要简洁有趣，能调动学生参与的积极性。

问题情境的设计要避免冗长、烦琐，尽量简洁有趣，能够激发学生的学习兴趣，促使学生积极参与课堂教学活动。他们在好知、乐学的情境中全身心投入，主动探究、分析，这种自主式的学习行为一旦被触发，学生就会进行深层次的思考。教师再结合学生的学习状态有针对性地引导，既能提升课堂效率，又能发展学生的核心素养。

【案例】

以鲁教版教材第三册第一单元"文章编辑能手Word"第三课"文字删改真方便"为例，主要内容是修改文字，在Word中插入文字、删除文字、查找文字、替换文字、移动文字、复制文字等。学生在学习这一课之前已经掌握了输入文字的方法。因此，教师可以创设简洁有趣的情境调动学生有效参与学习活动。教师通过控制软件将一段文字分发到学生电脑中，这段文字中包含错别字、重复的内容及位置不对的文字。学生阅读文字，发现问题，再进行修改。这时创设一个简单的趣味比赛，学生和老师都参与，看谁能以最快的速度完成修改。学生还不了解Word中的替换、移动、复制等功能，他们就一处一处地查找并修改文字。而教师运用替换、移动、复制的方法，快速修改文章。学生一定会非常好奇："老师是怎么做到神速修改文字，并且不重不漏的呢？"这个问题一下子就激发了学生的学习兴趣。他们知道了在解决问题的过程中使用恰当的方法可以提高做事的效率。

（3）问题情境的设计要有迁移性和可拓展性，能够让学生举一反三。

教师在创设问题情境时不仅要结合教学内容，以相关知识点为基础向外延伸，还要注意培养学生的学习能力和思考能力，拓展学生思维的深度和广度。

【案例】

以鲁教版教材第四册第十一课"神奇的画笔"为例，教师创设问题情境：Scraino中的每个角色都自带一支画笔，小甲虫参加爬行比赛时，在公园的房子上画出了哪些图形呢？你知道它是怎样绘制正方形和正三角形的吗？

同学们找到画笔模块，仔细观察模块指令，并尝试运用落笔、抬笔、清空、设定笔的颜色和大小等指令绘制正方形。

正方形的边长怎样表示？正方形每条边旋转的角度怎样表示？这就要结合其他模块中的指令"移动几步"和"旋转度数"来完成，通过观察小甲虫爬行时直线走和旋转90度画正方形的对比图，学生了解到小甲虫画正方形时旋转的角度是外角的度数，当小甲虫在"初赛"中画出了正方形，再迁移到"复赛"画三角形就顺理成章了。

在小甲虫进入魔幻时空环节后，问题情境由"初赛"和"复赛"环节的单个图形绘制问题，变为问题链，多个图形旋转组成魔幻时空：①怎样绘制由五个正三角形组成的大风车？②怎样改变组成大风车的正三角形的个数？③怎样把正三角形改成其他图形，旋转出令人称奇的图形？此问题链引导学生有序思考，学生在解决一个个问题的过程中，发展了计算思维能力。

这类有效的问题情境极大地提高了学生的想象力和创造力。学生举一反三，将所学的知识、思维方法、情感、态度与价值观应用到新的情境中，培养了创造性学习能力。

（4）问题情境的设计要贴合生活实际，让学生体会学习的意义和价值。

问题情境的创设要贴合生活实际，激发学生的学习动机和兴趣，让学生真正体会到学习的意义和价值，实现知识的整体建构。学生在学习过程中逐步形成正确的价值观念、必备品格和关键能力，培养信息科技学科核心素养。教师根据学科知识中的核心问题，即教学目标中的重点、难点，结合学生的认知水平和年龄特征，设计生活化的真问题。

【案例】

以鲁教版教材第二册第一单元"神奇的互联网"第三课"目的地导航"为例，为了让学生在解决实际问题的过程中，体会学习的意义和价值，教师创设了学生在出行前与父母商量目的地的情境，在课堂上引导学生做好出行攻略。他们在网络地图上搜索目的地，合理规划路线，对比步行、骑行、公交、自驾等出行方式，查看实时路况，从而选择交通工具和出行路线抵达目的地。

在网络地图上搜索目的地并规划路线，这个情境源自生活实际，学生非常感兴趣，整节课非常投入，积极完成各项任务。有了这次真实的情境体验，我们能预见到，孩子们未来出行、旅游时都能使用百度地图或其他地图为自己和家人规划路线。他们体会到了学习的意义和价值，运用所学知识真正解决生活中的实际问题，对知识体系的整体构建，以及情感、价值观、数字素养的培养都有很大帮助。

2. 组织引发学生深度探究的活动

小学信息科技深度学习的一个重要环节是组织学生开展深度探究活动。教师设计有挑战性和趣味性的任务在教学中有序、有层次地落实单元学习目标，充分体现单元教学的完整性，并给予学生足够的自主探索、操作时间和空间。

（1）学习任务的设计是组织深度探究活动的核心。

学习任务是深度探究活动的核心要素，任务的设计要指向信息科技学科的核心素养，与学生实际生活连接，关注学生的成长，激发学生持续探究的兴趣，让学生在沉浸式学习中获得成功的体验，并培养团队精神和创新意识。学习任务的设计，以信息科技学科核心素养为核心，并根据不同教学章节内容要求，围绕单元核心目标，制定相应教学任务，并体现学生的信息意识、计算思维、数字化学习与创新的能力、信息社会责任感，提升学生发现问题、解决问题的能力。

①任务的设计要难度适中、层层递进。任务的设计要从实际出发，根据小学阶段学生数字素养水平、认知发展规律，设计基础、可行的任务，突出教学重点，让任务在课堂中可操作，由易到难、由浅入深。可以设计基础性任务及拓展性任务，基础性任务的设计有利于促进教学目标的完成，一节课的教学时间有限，如何让学生在有限的时间内掌握基础知识、提升学习能力，基础性任务的设置必不可少，基础性任务可在一定程度上预防课堂混乱和学生注意力不集中等问题，让学生关注知识点的内容，及时完成任务目标，提升核心素养。拓展性任务设计倾向于"设计型学习"，教师给学生明确进阶任务，学生以发散思维来灵活整合知识，设计创新性的作品，通过小组合作有针对性地进行探究活动来促进任务完成，提升学生学科核心素养。

【案例】

以鲁教版教材第三册第二单元"精彩漂亮PPT"第十课"制作封面和目录"为例，教师注重知识的上下融通，围绕单元核心目标，创设"2022年中国空间站建设年"的真实情境，设计符合学情的基础性任务和拓展性任务。学生在小组合作学习的过程中提出问题、实践探究、展示交流，提升数字素养。

一、基础性任务

小组活动一：制作"中国空间站"作品封面（见图2-3）。

图2-3　任务流程图

小组活动二：制作"中国空间站"作品目录（见图 2-4）。

图 2-4 任务流程图

小组合作要求：

1. 分工合作：小组成员有具体分工，能有效合作

2. 学习方法：参考导学单，借助课本、微视频进行研讨交流，合作学习

3. 提出问题：小组成员能深入思考，提出问题

4. 展示交流：小组成员能有效协作，展示交流

5. 小组评价：组长依据导学单上的评价量规对小组学习情况进行评价

二、拓展性任务

A 层：设计文字

　　设计封面标题和目录页的文字，让文字更精练更有感染力。

B 层：设计文字，美化版面

　　类比 Word 中封面和目录的制作，设计文字并美化版面。

②任务的设计要体现开放性和创新性。创新教育是当下热门话题，也是培养学生核心素养的重要途径。培养学生的创新能力，首先要设计具有开放性和创新性的任务，再组织学生深度探究。学生独立思考、发散思维，将想法付诸实践，在学习过程中主动发现问题、解决问题，培养创新、创造能力。

【案例】

Scraino 编程课程"超声波传感器"，由蝙蝠发射超声波的原理引出超声波传感器的工作原理。超声波传感器在生活中应用广泛，拓展应用环节给足学生独立思考和创作的时间，让他们利用超声波传感器和 RGB 全彩灯或蜂鸣器自由设计一个智能化的、可以脱离计算机运行的作品。

拓展任务：

1.用超声波传感器和RGB全彩灯或蜂鸣器自由创意一个作品。

2.程序调试好之后，为作品拼搭外形，注意作品外观的稳固性和艺术性。

3.想一想怎样解说你们小组的作品（见图2-5）。

> 1. 我们小组的作品名称是（　　　　　　　）
>
> 2. 作品的功能及创意点：
>
>
> 3. 作品的外观优势：

图2-5　小组设计任务图

这个课例中的拓展任务没有固定模式的约束，具有开放性和创新性。当然，设置这类任务的前提是学生进行大量的课前查阅和思考，对超声波传感器的工作原理及在生活中的应用已有初步认识。创意源于生活最终又归于生活，学生通过动手动脑让自己的创意变成现实，改变世界。

③在活动中渗透学习策略指导。学习策略直接影响着学习能力。小学信息科技深度学习教学活动的设计要关注如何有效地指导学生完成具有挑战性的学习任务，为学生开展探究活动提供有效的方法、工具和策略。教师引导学生发现问题、提出问题，学会倾听、学会表达，发挥特长、敢于尝试，体验信息科技的魅力，并留给学生充足的时间去讨论交流、动手实践、反思完善等。学生运用有效的方法、工具和策略解决在任务中遇到的问题，从被动式学习变为独立或者小组探究式学习，凸显了学生的主体地位。同时，学生们共同体验"思考、实验、完善"的任务过程，主动参与课堂实践，体验了困惑、醒悟、失败、成功等多种情绪，发展了思维能力。

【案例】

以鲁教版教材第三册第二单元"精彩漂亮PPT"第十课"制作封面和目录"小组活动为例，在小组合作学习过程中渗透学习策略指导。

小组活动一：制作"中国空间站"作品封面。

1. 小组合作学习

（1）梳理学习内容，制作思维导图（见图2-6）。

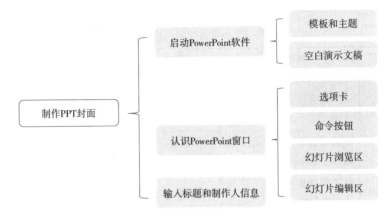

图 2-6　封面设计思维导图

（2）出示小组活动流程图及小组合作要求。

学习方法指导：参考导学单、课本、微视频，进行小组合作学习。

2. 小组交流汇报

小组交流1：启动 PowerPoint 软件。

学生互动：邀请一个小组的1号和2号同学进行交流，一边操作一边讲解，并解答其他小组的疑问。

小组交流2：认识 PowerPoint 窗口。

学生交流：邀请一个小组的3号和4号同学进行交流，一边操作一边讲解。

小组交流3：输入标题和制作人信息。

学生交流：邀请一个小组的5号和6号同学进行交流，一边操作一边讲解。

表2-6　小组合作学习评价表

```
组名：_____    小组长_____    组员

分工合作  （      ）颗★

学习方法  （      ）颗★

提出问题

  问题是：（                    ）（      ）颗★

展示交流  （      ）颗★

小组自评：制作PPT封面一共得____颗★
```

表2-7　小组合作学习评价量规

评价项目	评价等级★★★	评价等级★★	评价等级★
分工合作	小组成员有具体分工，组员全部完成任务，能有效合作，解决疑难问题	小组成员有具体分工，没能全部完成任务。成员积极参与小组讨论	小组成员分工不具体。不积极参与小组活动
学习方法	能灵活运用课本、数字化媒体等工具进行学习	偶尔借助课本、数字化媒体等工具进行学习	不能借助学习工具学习
问题意识	能发现并提出问题，流畅地发表意见	能发现问题，表达不连贯	发现不了问题
展示交流	能按分工要求，协作顺畅地进行展示交流	能按分工要求进行展示交流，协作能力有待提升	不能按分工要求进行展示交流

　　小组活动一任务的设计，以小组分工合作为基础，以小组合作学习评价量规为指导，让小组活动有方法、工具和策略（见表2-6、2-7）。在深入探究中发现问题、提出问题，达到对问题的深入理解。

　　（2）学习活动要突出完整的大过程探究。

　　学习活动是学习内容的主要载体，也是发展学生核心素养的基本途径。散乱串接的学习活动，其指向性不明确，不仅增加了学生学习负担，也无法帮助学生建构完整的知识体系，更难以形成学科观念。大过程探究活动由不同阶段的小活动有机串联，各活动环节指向一致，便于学生深度思考，从而强化素养发展。

　　①大过程探究要有统领性。基于单元学习主题的设计活动，要从单元整体学习的角度来思考，设计一个具有单元统领性的核心任务，引导学生

围绕核心任务进行积极合作、沟通交流，进行深入探究。

②小活动探究要有适切性。在组织学生探究时，要充分考虑学生的学情、年龄特点、学习特点，把大的探究活动分解为一个个小的探究活动，并把小活动有机串联，吸引学生全面、深度参与学习，建立经验和知识之间的联系，激发学生学习潜能。

【案例】

以鲁教版教材第六册第二单元"我的创意设计秀"第十一课"流光溢彩的流水灯"为例，基于单元学习主题，统领性的核心任务是设计流光溢彩的流水灯，考虑到学生的年龄、学习特点，把大的探究活动分解为一个个小活动，具体如下：

活动一：流水彩灯程序分析。

1. 自然描述语言

（1）教师引导，课件出示流水灯动态图，学生观察并描述，它的灯光是怎样有规律地亮、灭的。

（2）学生描述，教师小结：从第一盏灯开始，依次亮、灭，还要重复、循环。

（3）出示延时效果图，并提问：灯光亮完马上灭吗？需要延时才能看到效果。

2. 制作流程图

（1）打开桌面上的流程图文件，小组合作拖动流程，梳理思路，每个小组设计一种方案。

（2）展示一个小组合作完成的流程图，小组成员进行介绍。

活动二：虚拟搭建，编写程序。

1. 出示任务：参考流程图，在linkboy中搭建虚拟电路，编写程序，实现红、黄、绿灯依次闪烁的流水彩灯效果，并思考：如何利用延时器改变流水灯的流动速度？

2. 学生小组合作，自主尝试虚拟搭建、编写程序。

3. 小组交流遇到的问题。

4. 继续完善作品，组内互相帮助。

活动三：实物搭建，实现创意。

1. 实物搭建

我们编写好了程序，设计好了三色流水彩灯的创意，想把创意变成现实吗？请对照虚拟线路以及实验探究单来拼搭实物线路（见图2-7），并把程序下载到控制板中，实现自己的创意。

温馨提示：一人填写实验探究单，提供led正负极的端口号，另一个人连接实物，有效合作。

虚拟电路 ————对应————→ 实物电路

图2-7　实物搭建流程

2. 分层设计

完成任务的小组：设计四个以上 LED 灯流水效果。

未完成任务的小组：继续制作三色流水彩灯。

3. 创意挑战

更改程序，挑战设计多种流水彩灯效果，评选创意之星。

在这个案例中，大活动"设计流光溢彩的流水灯"分解为三个小活动，包括流水彩灯程序分析、虚拟搭建及编写程序、实物搭建及实现创意，吸引学生深度参与到活动中，最终完成"设计流光溢彩的流水灯"项目。

（四）以持续性、序列性为特征，开展深度学习教学评价

教育部《基础教育课程改革纲要（试行）》提出："建立促进学生全面发展的评价体系。评价不仅要关注学生的学业成绩，而且要发现和发展学生多方面的潜能，了解学生发展中的需求，帮助学生认识自我，建立自信，发挥评价的教育功能，促进学生在原有水平上的发展。"评价作为信息科技教学的重要组成部分，对学生学习具有较强的导向作用。我们选择好单

元学习主题、确定了单元学习目标、设计并实施了单元活动之后，学生学习的效果如何？学科核心素养真的得到发展了吗？这需要进行持续性评价，检验学生学习效果。

1. 持续性评价设计的原则

小学信息科技持续性评价要着眼于教学质量的提高和学生身心的全面发展。评价方案的设计要依据深度学习的学习目标，确定评价的标准。要关注学习过程，始终伴随对学习的诊断和评价。同时，在评价方式上要坚持定量与定性相结合，形成性评价和总结性评价相结合，师生共同参与，重反思改进，充分体现评价内容的综合性、评价标准的多元性、评价方式的开放性（见表 2-8）。

表 2-8 持续性评价设计表

评价类别	评价形式	评价方法	评价手段
定性评价	谈话	开展教学活动前，教师在课中或课后，通过与个别学生交谈或群体交流，了解学生的现有水平	人工；电子评价平台
	调查	通过学生之间或教师对学生学习情况进行调查，评价学生的现有水平	人工；电子评价平台
	观察	日常观察学生的课堂表现、实践操作等	人工；电子评价平台
定量评价	测评	理论测评、上机操作、开展竞赛等评价学生的现有水平	人工；电子评价平台
形成性评价	表现性评价	在教学活动中通过观察、交流、调查对学生的表现给出的定性或定量评价，评价主体可以是教师、学生、家长	人工；电子评价平台
	作品评价	对学生设计或制作的成品、半成品给出定性或定量评价，评价主体可以是教师、学生、家长	人工；电子评价平台
总结性评价	质量检测	主观题、客观题、操作题综合检测，关注课程目标的达成情况	人工；电子评价平台
完整、客观、全面地评价小学生信息科技学习情况，需要一个档案式评价平台，来实施评价			

2.持续性评价方案设计

持续性评价的作用是诊断学生的学习效果，针对学生在学习过程中遇到的困难，给予帮助与指导，以便教师调控后续教学进程，促进学生完成学习任务。评价方案包括：评价目标、评价标准、评价任务、评价方式与评价工具。评价目标包括单元目标、核心素养发展目标；评价标准指向学科核心素养的培养；评价任务指向单元学习活动；评价方式要多样化，可以是教师和学生的即时点评，可以是教师的阶段性总结评价，也可以是依据评价工具的活动表现评价等。针对核心活动的评价需要结合评价量表等工具，常见的有教师的观测量表、学生的自我检查清单。评价量表要根据评价目标和评价标准细化等级，找到区分水平的行为表现差异点，确定等级指标，以便观测、评价。

以单元为单位，设计持续性评价表，如"文字编辑能手 Word"这一单元，评价要点如表 2-9、2-10 所示：

表 2-9 "文字编辑能手 Word"单元持续性评价设计

序号	评价目标	评价任务	评价标准	评价方式
1	初步使用 Word，培养学习兴趣和知识迁移能力	打开 Word 软件，输入《团结的蚂蚁》文本，会保存和关闭	能打开 Word，能输入文字，会关闭软件	谈话观察调查课堂提问
2	体会用 Word 处理文字的方便快捷，体现信息科技与语文学科的整合	输入《勤劳的蜜蜂》文本，并进行修改	能结合实际，修改错别字，理清文章，输入日记	课堂提问问卷星
3	掌握字体、字号、颜色及段落的设置方法，感受文字和段落修饰在文义表达上的重要性，提高审美能力	提供《团结力量大》文本，设置字体、字号、颜色、段落	字体合适、字号适中，颜色突出，能看清字；版面整齐，段落分明	课堂提问作品评价

续表

序号	评价目标	评价任务	评价标准	评价方式
4	通过探究 Word 中图片、艺术字的编辑，培养观察、鉴别的能力，提高审美观	给《蝉的夏天》一文搭配恰当的图片，并将文字环绕方式设置为"四周型"，将标题设置为艺术字体	能根据需要，为文字配合适的图片，让文章更形象生动；能根据需要插入艺术字，美观大方	课堂提问作品评价
5	通过自选图形的绘制、修饰、布局培养创新能力，提升绘画技能	给《我喜欢瓢虫》一文搭配爱心图案，并画一只瓢虫	能根据需要绘制自选图形，创新应用图形	课堂提问作品评价
6	学会利用表格让文章清晰直观	完成"蚂蚁家族主要成员及分工"一表的设计及修饰美化	能根据需要，用表格清晰地呈现信息	课堂提问作品评价
7	掌握页面设置的方法，根据需要插入页眉、页脚、页码等，体会信息科技的便利性	为《蚂蚁观察日记》一文排版	能根据需要设置版面	课堂提问作品评价
8	综合运用 Word 知识进行简单的文集制作，学会表达自己的真实感受	制作《昆虫记》电子文集，设计封面、封底，要求图文并茂；用表格设计目录页，合并文档，设计内容页	文集结构完整，内容丰富；文集很好地表达观察、研究过程；表达自信、清晰、有序	课堂提问作品评价问卷星

表 2-10　"文字编辑能手 Word"单元评价量规

模块名称	文字编辑能手 Word		组长姓名			总星数
			小组成员			
评价指标	评价内容	四星级（★★★★）	三星级（★★★☆）	两星级（★★☆☆）	一星级（★☆☆☆）	
基础知识	Word 中文字的输入	会打开，会输入，会关闭	会其中的两项	会其中的一项	不会使用 Word	
	编辑处理文字	会插入、删除、移动、复制、替换文字等操作	会其中的三项	会其中的两项	会一项或全不会	

模块名称	文字编辑能手 Word		组长姓名		总星数
			小组成员		
评价指标	评价内容	四星级（★★★★）	三星级（★★★☆）	两星级（★★☆☆）	一星级（★☆☆☆）
基础知识	文本格式的设置	能根据需要合理设置字体、字号、颜色；版面整齐，段落分明	能按要求设置字体、字号、颜色；版面较整齐，段落较清晰	能合理设置字体、字号、颜色或段落	不能对字体、字号、颜色或段落任一项进行合理设置	
	图片、艺术字的设置	图片的使用与主题吻合，大小合适；艺术字字体清晰、颜色协调	能按要求插入图片、调整大小；会使用艺术字效果	只会插入图片或使用艺术字中的一项技能	不会插入图片也不会设置艺术字	
	表格的使用	能根据需要设计、美化表格，清晰地呈现信息	能按指定要求制作、美化表格	能够制作简单的表格	不会制作表格	
	版面的设置	能根据需求进行页面设置；能插入页眉、页脚、页码；等等	能按要求进行页面设置；能插入页眉、页脚、页码等	只能简单设置版面	不会设置版面	
	用 Word 设计文集	文集结构清晰，内容丰富，能够反映出观察、研究的过程	文集结构清晰，内容比较丰富，能够反映出部分观察、研究的过程	文集简单，内容单一	没有设计出文集	
学科核心素养	数字化学习与创新	能使用微课、导学案等数字化工具自主学习，解决实际问题	能使用微课、导学案等数字化工具学习，解决实际问题	能使用微课、导学案等数字化工具学习，基本解决了实际问题	不会根据需要选用合适的数字化工具，不能解决实际问题	
	计算思维	能有序思考，采用计算机可以处理的方式形成解决问题的方案，并能迁移、运用到与之相关的其他问题	能够采用计算机可以处理的方式形成解决问题的方案，并能简单地迁移、运用	能够采用计算机可以处理的方式形成简单的解决问题的方案	不能采用计算机可以处理的方式形成解决问题的方案	

续表

模块名称	文字编辑能手 Word		组长姓名			总星数
			小组成员			
评价指标	评价内容	四星级（★★★★）	三星级（★★★☆）	两星级（★★☆☆）	一星级（★☆☆☆）	
小组合作	分工合作	小组成员沟通交流、合理分工、整合思路，组员互相支持	小组不能独立开展研究，但努力尝试交流，取得了一定进展	小组成员沟通和合作出现问题，对任务产生影响	小组成员没有沟通与合作	
交流表达	交流表达	能大方、流畅地表达自己的想法，介绍小组设计方案	能清晰地表达自己的想法，介绍小组设计方案	能在老师的引导下简单交流、介绍方案	即便老师引导，也不能清晰地表达自己的想法	
作品展评	作品设计	作品风格统一，文字、图片、图形、表格等设置合理，色调和谐，符合大众阅读习惯	作品文字、图片、图形、表格等设置合理，色调和谐	作品图文不吻合，色调不和谐	做不出完整的作品	

　　信息科技知识更新迭代速度较快，教学内容需要随时代发展调整，评价内容不能完全根据教材来设计，而应结合教学实际来设计评价方案。评价方案必须有利于培养学生良好的信息道德意识，有利于培养学生的学习能力、合作能力和创造能力。在小学信息科技教学中，可以把定性评价、定量评价、形成性评价、总结性评价相融合，构建一个完整的学生学习评价系统。

第三章　小学信息科技深度学习实施策略

一、小学信息科技深度学习实施基础

（一）深度分析教材

教材是课程资源的核心，是教学活动的载体，是达成教学目标的工具，也是教师开展教学活动的主要依据。基于核心素养的小学信息科技教材与传统学科教材相比，无论是教学目标与教学内容、方法与策略、软件与技术都存在很大差异。

当下，一些信息科技教师进行教学设计时存在以下几方面问题：

第一，取材粗浅，只关注教材表层的知识或概念，不挖掘教材蕴含的教育意义。

第二，不成体系，往往只罗列琐碎的知识点，不分析知识之间的联系。

第三，重知识传授，轻实践应用，只专注于传授理论知识，忽视了与实际生活的联系。

以上问题限制了课堂教学的深度与广度，无法促进学生深度思考与实践创新。

分析和把握教材是一线教师的基础本领。深度学习需要我们对教材进行深度分析。李松林教授在《深度学习设计模板与示例》一书中写道："教材的深度理解要'深'到教材的上位概念中去，要'深'到教材的深层意义中去，要'深'到知识与知识的纵横联系中去，要'深'到知识与生活的广泛联系中去。"

下面以鲁教版教材第一册第十三课"风筝设计师"为例，具体来说一说如何深度分析教材。

1. 纵向研读，把握教材的上位概念

纵向研读是指了解教材的编排规律、基本构架、知识体系，从整体上掌握各学段的教学内容，明确各部分内容的地位、作用及前后联系。

通过纵向研读，我们可以发现不同版本教材的变化。例如，鲁教版小学信息技术教材于 2018 年改版，旧版教材内容侧重 Windows XP 系统常用软件的操作，新教材则更新为 Windows 7 系统，版本不同操作方法上会有很大差异，教学设计也应随之变化。

如"风筝设计师"一课主要内容是直线和曲线的绘制方法，涉及画图软件中"形状"模块，也就是几何图形的一部分。旧版教材"有趣的几何图形"一课内容包括：画线段、画矩形、画椭圆、画多边形和曲线。在新版教材中，画矩形、画椭圆、画多边形被归入"创意几何秀"一课，画直线和画曲线合并为一课，即"风筝设计师"。对于这样的处理方式，一线教师最有发言权，深感新版教材编排更加合理，同样是几何图形，矩形、圆形、多边形的绘制方法类似，轮廓和填充的操作方法也相同，主要是培养孩子利用各种图形组合创新的能力。直线和曲线的绘制在操作上有一定关联，如果分开讲解容易淡化知识的关联性，设置为一课比较合理，从数学的角度更容易理解线和面的区别。

2. 横向研读，挖掘教材蕴含的深层意义

时下，很多教育者都在探索大单元教学，在大单元教学模式下，横向研读有利于教师对比各单元，找到各单元之间的联系，以确定本节课在整个单元中所起的关键作用，以及将教材读懂、读透。

如教学"风筝设计师"一课，学生在认识画图软件，掌握了"铅笔""刷子"及基本规则图形工具的基础上，学习直线和曲线的绘制方法。本节课的教学内容是画图软件中两个常用工具的操作，是电脑绘画的基础和重点。

3. 建立知识点之间的联系，把握本质与规律

这里提到"把握"，是将文本知识由"点"连接成"线"，由"线"扩展成"面"，由"面"建构成"体"，这种知识建构需要超越孤立的、个别的知识，找到知识与知识的内在联系，是引领学生进行知识建构的基础。

如画图软件学习中常见的曲线包括单弧、双弧、封闭曲线，对于它们的绘制方法，教师不能逐个教授，而是要找到不同曲线绘制方法上的联系，比如单弧在两次调整时是朝同一方向，那么双弧就需要朝向相反方向，而有了单弧曲线作为基础，学生已经明白了第一步所画的直线会形成曲线的开口，那么在此基础上引导学生分析封闭曲线的开口多大呢，学生马上能够领会实际是在单弧基础上做了一个很小的改变，那就是第一步绘制的直线要非常短，短到近似一个点，这样画出来的曲线就是封闭曲线了。找到了不同曲线绘制方法的内在联系，学生便能在教师的引导下自主或合作探究，并通过归纳总结找到操作的一般规律。

4. 联系实际，理解知识的作用与价值

理解知识的作用与价值的前提是理解知识的实际功能及蕴含的人文精神、价值旨趣。如"风筝设计师"一课中直线和曲线的绘制，是电脑绘画的基础，也是绘画造型的基本元素。当学生用本课所学的直线和曲线绘制出形态各异的"风筝"时，一定会非常开心，这一横一竖、一曲一弯不就是风筝设计师手中的竹条吗？而设计师精益求精的工匠精神正是孩子们需要学习的。

研读教材主要讲究一个"细"字，教师需要逐字逐句地阅读、思考，同时做好笔记，记录关键词、知识点。同时，不能照本宣科，还要创造性地使用教材，将课程标准当作教学的基本依据和必要准绳。在此参照体系之下，针对学生的实际需要，对教材进行加工重组、拓展延伸，既能摆脱教材的束缚，优化处理教学素材，充分挖掘教材案例的育人价值，又能培养学生的创新思维和创造能力。尊重教材，超越教材，灵活处理教材，聚焦重点内容和实质问题，让学生在信息科技课堂上轻松、快乐地学习，由

此可有效达成教学目标。

（二）深度分析学情

学情分析是开展深度学习的基础，是教学策略和教学活动设计的落脚点，也是分析、整合教材的依据。脱离学情分析去设计教学目标，是在建造"空中楼阁"，是在无的放矢。

教师应掌握学生的已有知识经验和认知发展规律，了解学生的思想水平、内心感受、个人经历，明确学生通过努力能够达到的水平和层次。分析学情包括三个维度：兴趣和动机、能力和水平、认知倾向。深度分析学情需要"深"到学生的心灵中去；"深"到学生的学习中去；"深"到学生的发展中去。

1. "深"到学生的心灵中去

《礼记·学记》载："夫然，故安其学而亲其师，乐其友而信其道。"学生对教师的喜欢，除去教师个人魅力、学科特点等因素外，很大程度上是因为教师的教学能够走进孩子们的心灵，设计的课程能够吸引孩子去学习。换句话说，这位老师非常了解他的学生。

苏联著名教育家瓦·阿·苏霍姆林斯基在《把整个心灵献给孩子》一书中指出，一个教师缺少了精神品质就不可能成为真正的教育者，而其中最首要的便是深入儿童精神世界的本领。可见。深度学习首先要触及学生的心灵。

与学生日常生活密切相关的问题情境，便能引发学生心灵的共鸣。如"制作电子点菜单"一课，以"为学校智慧餐厅建设出谋划策"为情境开展教学，内容紧贴社会热点。学生在生活中接触过电子点餐，如果能够通过努力学习制作出电子菜单，一定会体验到成功的快感，也能培养学生的信息意识。

再如，"打地鼠"一课，以学生常见的垃圾桶作为素材，教学目标紧扣课标要求。学生在探究智能垃圾桶项目的过程中，运用学习过的 Scraino 编程"按下鼠标？"积木进行条件侦测，用"……和……"积木进行条件判断，环保意识也得到了培养。

如果学情分析没有深入学生的心灵，学习没有与学生的心灵产生关联，这样的学习就无深度可言，这样的课堂也只是教师的一言堂。"深"到学生的心灵中去的学情分析是教师进行教学设计的基础，也是培养学生高阶思维的前提。

2. "深"到学生的学习中去

"教"始终围绕"学"开展，深度分析学情就是为了学习的真正发生。学习者的有效学习始于"已知"，教师应根据学生的现有知识水平和生活经验，准确定位教学起点，夯实基础，提高学生思维品质。

随着教学过程的展开，教师准确找到学生学习的困难点，引导学生打破思维定式，实现跨越式发展。教师实时分析学生实际情况，在恰当的时机，采用恰当的方式，给予学生技术、思路或者方法的支撑，而且贯穿课堂教学始终。

例如，"给图画上色"教学片段（见图3-1）：

图 3-1　叶子未上色的花朵

出示任务：师生比赛，用最快的速度将叶子变成绿色。

师：下面我们来进行一个小比赛，看谁能用最快的速度将叶子变成绿色。

教师几秒钟就完成了涂色，赢得比赛。

师：老师有个好方法，你们想知道吗？好，我们一起来看一段视频。

学生观看视频，动手实践。

师：小组交流，说一下你的收获和困惑。

生1：我们发现了橡皮擦工具，当按下左键拖动时，橡皮经过的所有地方都替换为背景色；而按住右键拖动时，只擦掉前景色，露出背景色。想把叶子变成绿色，我们应该把前景设置为白色，背景设置为绿色。

师：你的总结非常到位。如果给一朵花或者一片叶子涂色，还能使用这个方法吗？

生2：给一朵花或者一片叶子涂色比较简单，用填充工具很快就可以完成，这个方法就有点麻烦了。

师：说得有道理。那么这个方法适用于什么情况下？

生3：我认为，给分散的、不连续的区域涂色应使用彩色橡皮擦工具。这样我们就不用一点一点地涂，只要设置好前景色、背景色就可以直接涂抹了。

师：你真是善于思考，分析得头头是道。其他同学赞同他的说法吗？现在思考一下，如果这幅画还没有涂色（出示图片），我们能不能先用橡皮擦工具给叶子涂色？

生1：当然不能。如果先给叶子涂色，橡皮擦经过的地方就会都变成绿色的了。

生2：对呀，现在叶子是白色的，我们将前景色设置为白色，将背景色设置为绿色，直接涂抹，会将天空和花朵也涂成绿色的。

师：对！给比较分散的、凌乱的区域涂色，我们应在其他区域涂色完成的情况下，使用彩色橡皮擦右键涂色，会更加快捷……

上述案例中，理解彩色橡皮擦的右键功能是教学难点。在此前的学习中，学生通过自主探究、合作交流已经学会了单色填充和双色填充，而对于如何使用彩色橡皮擦的右键擦除功能实现有选择地擦除，则较为陌生。在教学这一困难点时，教师引入了科普视频，这无疑调动了学生的学习积极性。视频中抛出了两个问题：何时使用、如何使用。在交流研讨环节，学生在一次次的思想碰撞中开阔视野、深化认知、学会操作，顺利达成学习目标。

3.“深”到学生的发展中去

根据维果茨基的“最近发展区”理论，儿童发展有两种水平：一种是现有水平，指独立活动时所能达到的解决问题的水平；另一种是潜在发展水平，也就是通过教育教学所能达到的更高级别的发展水平。两者之间的差距就是“最近发展区”。这一水平表现为，儿童还不能独立解决某一问题，但在他人的帮助下，在集体活动中通过模仿，就能解决这些问题。维果茨基指出，教育活动应立足于不断将儿童的“最近发展区”转化为现有发展水平，使全部教学和教育工作走在学生发展的前面。这必然能促使学生获得“原则上为新的东西”，从而使教学不仅仅跟随学生已有的发展成果，也不是对学生的简单机械灌输，而是真正建立起教学与学生发展之间的桥梁。

学情分析是教学策略选择和教学活动设计的落脚点，结合“最近发展区”理论分析学情，主要包括以下几个方面：

（1）分析起点。学情分析要从分析学生的基本能力入手，研究学生的年龄特征、知识起点、生活经验、学习能力及水平等，要考虑学生的可接受性，把握学生学习的“最近发展区”，力求使教学内容和教学水准适合学生的知识水平和心理特征，使学生“跳一跳，摘到桃”，经过努力，自主习得知识。如在“声控的秘密”一课中，学生在知识层面上会使用动作、外观等模块指令；会用“如果……那么”条件判断积木；会将自然语言描述的判断条件转换成程序中的表达式；对程序的顺序、选择、循环结构也有了一定了解；能结合循环语句搭建简单的脚本。

（2）捕捉触发点。所谓“触发点”就是能够有效激发学生深层学习动机的点，主要集中在知识的新奇处、困惑处、共鸣处、挑战处。一旦捕捉到学生的触发点，就能极大地激发学生的学习动机。“新奇处”是指让学生觉得新鲜、好奇的地方。“困惑处”是学生觉得矛盾，产生疑惑的地方。“共鸣处"则是与学生的生活经验和情感产生共振的地方。"挑战处"是学生感觉有一定困难，不能够轻易完成，可能需要同伴合作的地方。例如，在"声控的秘密"一课中，"新奇处"是，为什么声音可以控制这么多角色发生不同的变化，这是怎么实现的。"困惑处"是，为什么即使我们没有对着麦克风说话，小汽车仍然会移动。"共鸣处"是，声控灯的使用。"挑战处"是，让学生设计一款能够给生活带来便利的声控物品。

（3）发现思维难点。学生在学习中遇到的问题和阻力往往会成为阻碍他们深度学习的障碍。教师只有及时发现并帮助学生克服这些困难与障碍，学生才能获得充分发展。因此，信息科技教师在备课过程中，要找准学生的思维难点，分析难点产生的原因，思考相应的具体针对性的教学策略。例如，"声控的秘密"一课，学生难以在教材中找到响度的适宜范围，并且在将响度嵌入大小、移动等积木中搭配使用时存在困难。

（4）找准关键点。所谓"关键点"，是指教学或教材中起决定作用的内容，它是教学活动中解决问题的着手点。教师只有准确抓住关键点，研究学生的实际需要、能力水平和认知倾向，才能更好地优化教学过程，并着重进行点拨。在"声控的秘密"一课中，关键点是"如果……那么……否则"积木的运用，教师重点加以点拨，创造性地设计 Scraino 积木。

（5）定位发展区。在"声控的秘密"一课中，学生的现有水平是在教师和同伴的帮助下，能够将响度积木嵌套在积木中综合使用，进行个性化设计；学生的潜在发展水平是持续地关注社会，并利用编程改造旧物，提升创新的意识和能力。

在教育教学中，我们必须遵循学生认知与人格发展的规律，在了解学生基本情况的基础上，进行课堂教学设计，实施课堂教学策略，以达成教学目标。

（三）深度学习的四个转化

在教学设计中落实信息科技学科核心素养，需要依次实现深度学习的四个转化：一是内容化，即将学科核心素养的培育目标转化成学科核心知识；二是问题化，即将有待学生着重建构和获得的核心知识转化成学科核心问题；三是序列化，即将学科核心问题转化成符合学生解决问题的心理顺序且具有内在逻辑关系的学科子问题群；四是活动化，即根据学科子问题群直接生成学生的学习活动序列。教师正是借助四个转化，引导学生在解决问题的活动过程中发展学科核心素养。

1. 内容化："核心目标"转化为"核心内容"

课堂教学目标是学生在一节课或几节课的学习完成之后要达成的预期学习结果，即学生在学完了某一内容之后，学会了什么、学会了多少、他们能够干什么。因此，我们在设计课堂教学目标时，应该按照"学生学什么、怎么学、学得怎么样"的逻辑来表述。目标的内容化，教师需要根据教材内容和学生已有知识经验，思考学生要达成核心目标，需要掌握哪些学科知识和方法。在"神奇的画笔"一课中，需要着重培养的学科核心素养是计算思维，教师引导学生分析问题、抽象建模、设计算法、执行编程，在实践探究的过程中培养了学生的计算思维能力。

2. 问题化："核心内容"转化为"核心问题"

在以问题为中心的课堂教学模式下，教师的角色是提供帮助和指导，帮助学生自主学习，解决学生的"问题"，使教学具有针对性。问题源自教学内容，教师将教学核心内容转化为核心问题并预设辅助问题，既反映广泛的教学内容，也关注学科知识和技能。

核心问题是根据教学的主要内容精心设计和挑选的中心问题，它在一个问题系统中通常具有统领性的价值，是课堂教学的一条主线，课堂中派生出的辅助问题都与之相关联。核心问题既要顾及学生的学习活动，又要能调动学生的思维活动。例如教学"神奇的画笔"一课，教师将核心内容"编写程序代码，掌握画笔模块组的使用方法"转化为核心问题"怎样使用编程工具快速地画出正多边形"，之后再引导学生解决问题。

教师应该如何设计核心问题呢？经过长期的教学实践，我们认为信息科技学科的核心问题应具备以下特征。

（1）指向性。核心问题具有鲜明的指向性，即指向教材的核心内容和教学的核心目标。

（2）实用性。核心问题能够将学科知识与实际生活联系起来，学生学以致用，应用所学知识解决实际问题。

（3）衍生性。解决核心问题的过程要循序渐进，串联起知识点，学生在探究过程中，依托问题情境有效解决核心内容中的关键问题，从而加深对知识的理解，有利于学生的整体建构。

（4）开放性。核心问题要有一定的开放性和包容度，给学生独立思考、主动探究留下充分的探究空间。教师尽可能多地从学生身上挖掘多样化的答案和思路，学生则凭借已有经验，设计解决问题的路径，积极寻求突破。让不同层面的学生都能"卷入"学习。

3. 序列化："核心问题"转化为"子问题群"

教师需要推测学生解决问题的思维顺序，将核心问题分解成若干子问题。设计子问题群时需要关注如下几点：

（1）顺序性。即各个子问题必须符合学生解决问题的基本心理顺序。

（2）层次性。子问题的设计要充分考虑前后知识的衔接、主次、关联及梯度，让学生能够在探究过程中逐步"逼近"核心问题，直至顺利解决核心问题，形成新的认知结构，实现深度学习。

（3）确定性。为了引导学生深入思考核心问题，教师需要明确列出子问题群，不能挤压学生深度思考的空间。

（4）指向性。设计的问题指向性不强，问题太宽泛，会让学生摸不着头脑，所以回答不到点子上，因此浪费了宝贵的课堂时间。要提高问题设计的指向性，目标明确，指向清晰。

（5）挑战性。问题过难或者过于简单，都是不恰当的。如果问题过难，学生无法回答出来，便失去了提问的意义。而如果问题过于简单，学生不用动脑筋轻易就能回答出来，那么留给学生思考的深度又会不够，难以促进思维的发展。

正是学科核心问题和学科子问题，共同构成了驱动学生学习的学科问题群。如，我们可以将"怎样使用编程工具快速地画出正多边形"这个核心问题，分解成多个子问题：

你是怎样画出一条直线的，你能给关键环节排序吗？

怎样使用对应的积木画出一条直线？

画出一条边后，怎样再画出正方形呢，步骤是怎样的？

你能用旋转和重复执行画出正三角形吗？

想一想，画正多边形时，重复执行的次数和每次旋转的角度有什么关系？

学生在探究过程中逐步"逼近"问题的核心。

总之，在深度学习的课堂上，教师的主要任务在于"导思"，即"导"学生的"思"。实现这一任务的重要前提是要精心设计问题群，通过高质量问题调动学生思维的主动性，激活其创造性，使学生的思维向更深处漫溯。

4. 活动化："子问题群"转化为"活动序列"

在编程课堂教学中，"问题"是课堂教学的载体，是课堂的生长点，"实践活动"是课堂教学的支撑点、闪光点，两者相辅相成，既能培养学生的问题意识和核心素养，也能提高课堂教学效率。

问题群除了体现学习的深刻性，体现学生学什么和教师教什么，还应体现序列化，即所有问题具有内在联系，教师可以根据问题群组织探究活动，即序列化的教学活动。深刻的本原化内涵必须通过具体可感、层次分明、生动活泼的教与学活动来加以学习、体悟和内化。基于上述分析，我们设计了以下探究活动：①迁移画直线的操作，编写程序画直线；②尝试迁移数学知识使用旋转和重复执行画出正方形；③调整循环次数和旋转角度画正三角形；④猜想重复执行次数和旋转的角度之间的关系并加以验证；⑤尝试旋转正多边形，绘制酷炫图案。学生在问题群的引领下，有序展开实践探究活动，提升计算思维核心素养。

总之，在深度学习的课堂上落实学科核心素养，教师要准确定位教学目标，将之巧妙转换为学科知识问题，结合学生的认知水平和年龄特征，精心设计问题乃至问题群，继而将问题融入生活化的探究活动，让学生实现知识的整体建构，同时培养价值观念、必备品格和关键能力。

（四）大单元教学实现深度学习

传统教学更多是依据内容逻辑来指导教学，而深度学习的重大突破是从内容单元到学习单元的转变。

以学科核心素养及其进阶发展为目标，单元教学围绕真实性学习任务对相关教学内容进行整合，以学科大概念深化理解为载体，按学科研究过程的逻辑推进，由各环节不同性质学习活动的小单元组成的大单元研究型教学模式，体现学习目标、学习情境、学习活动、学习评价一致性的教学活动。

大单元教学是实现深度学习的关键，强调超越具体的、孤立的知识点，追求整体性的目标，学生在单元活动过程中经历体验，通过完成挑战性任务，去获得理解，最终形成大概念，获得适应未来发展的正确价值观、必备品格和关键能力，这是一个学习单元的整体驱动目标。

信息科技课程围绕数据、算法、网络、信息处理、信息安全、人工智能六条逻辑主线，设计义务教育全学科内容模块与跨学科主题。课程标准中不但强调要树立课程的整合意识和回归意识，优化课程内容结构，还设立跨学科主题学习活动，加强学科间相互关联，带动课程综合化实施，强化实践性要求。

在深度学习理念下的小学信息科技大单元课堂教学，是教师精心构思、科学规划、创新设计的项目学习活动。教师根据学生的发展认知规律，结合信息科技学科核心知识的学习内容，针对学科核心素养的培育支撑点即信息意识、计算思维、数字化学习与创新、信息社会责任，创设课堂项目学习活动，并通过大单元课堂教学的情境创建、协作研讨、作品创作、文化育人价值逐渐建构学科核心素养，使学科核心素养具体化、可培养、可干预、可评价。因此我们说在课堂教学中以单元为单位开展教学，是实现学生深度学习的有效途径。想要达成此目标，就需要教师不断更新观念，主动学习，且可以对教材中的教学内容进行二度开发，创造性使用。

深度学习指导下的单元学习设计，是在单元学习主题统领下的学习设计，是围绕单元学习主题进行教学内容的选择和组织，形成功能性的知识架构。单元学习设计包含以下四个要素：单元学习主题、单元学习目标、单元学习活动、持续性评价。这是所有学科开展深度学习单元设计的总框架，具有宏观性和指导性。

那么，对于教师而言，这四个要素该如何设计呢？应考虑哪些因素？做到何种程度呢？

下面我们结合图形化编程的知识特点及信息科技学科的核心素养，以山东教育出版社小学信息科技教材第四册内容为基础，进行小学图形化编程单元设计。

1. 单元学习主题：基于问题解决来选择

单元学习主题是单元教学的灵魂。基于深度学习理论设置单元学习主题，应以学科核心素养及其思维进阶为目标，对相关教学内容进行整合，体现学习目标、学习情境、学习活动和学习评价的一致性。

编程是运用计算机科学领域的知识、思想方法解决生活中真实问题的一种方式。新课标中提出"学生要初步具备解决问题的能力，发展计算思维"。对于图形化编程而言，更适合选取问题解决类的单元学习主题，即单元学习以解决蕴含计算机科学思想方法的真实情境问题为主要目标，单元课时的安排体现问题解决的过程与路径，体现其应用价值。那么在确定问题解决类学习主题时，可以分三步来进行。

第一步，梳理核心概念和关键能力，形成知识框架。教师首先可以根据《课标》来明确图形化编程可以实现的学科核心素养，然后梳理出图形化编程的核心概念和关键能力，选取一两个形成知识框架。对于图形化编程而言，其核心概念是程序的三种结构：顺序结构、选择结构和循环结构。

而关键能力我们主要借鉴《课标》中关于计算思维的描述，再结合编程目的概括出四种关键能力：抽象建模、问题分解、问题解决、测试调控。

第二步，设计真实问题情境，草拟单元学习主题。首先我们围绕选取的核心概念和关键能力及其知识框架，列出社会生活中存在的可用其解决的真实问题，形成问题情境，作为备选单元学习主题。

第三步，调研学情，确定单元学习主题。学生是单元学习的主体，我们需要通过问卷、访谈等方式对学生进行全面的调研，了解学生最感兴趣的探究内容。在此基础上，从之前草拟的单元学习主题中筛选一个作为本单元正式的学习主题。值得注意的是，教师要综合考虑学生的能力水平，主题一定是学生经过努力最终可以实现的。

（1）与当前热门事件结合确定单元学习主题。2022年新学期，我们把教材中原来的模块"走进图形化编程的世界"调整为"冬奥·一起向未来"主题。之所以选择这个主题，是因为第24届冬季奥林匹克运动会在北京隆重开幕，这个在家门口举办的奥运会对孩子们来说意义非常，通过观看电视、线上直播等方式，孩子们都可以说出几位冠军的名字和几项奥运项目。俗话说"外行看热闹，内行看门道"，关于冬奥会的知识、奥运会的各个比赛项目、吉祥物冰墩墩等相关知识究竟知几分，在孩子们的喳喳话语中真切感受到了参与的热情。因此，与孩子们一起敲定单元主题"冬奥·一起向未来"，开启新学期学习之旅。

（2）与学校特色活动结合确定单元学习主题。每所学校都有自己的品牌特色项目，结合学校开展的各式特色活动，以此将特色理念内化于心，很多探究性学习和跨学科活动也可以融入信息科技。如某城区小学的特色是打造书香校园，在春暖花开之时学校开展主题为"春花烂漫"跨学科活动，探寻本地美丽花木是如何装扮我们的生活，那么结合学校大的主题项目，我们也可以开展同主题单元学习。比如使用程序介绍花木的生长习性、适合土质、花开时间等，使用画图积木绘制花木，使用选择结构设计花木答题小程序，加上硬件设计自动智能浇花装置等等。

（3）以教材中的知识点作为单元学习主题。教材是学习的载体，教师是教材实施的执行者。在实施过程中，我们可依托学情等因素对教材进行适当的调整与整合。如编程中涉及的三种结构：顺序结构、循环结构、选择结构，每一个知识点可以作为一个小的单元学习主题。再如编程中的绿旗控制、按键控制、鼠标控制、角色控制一系列与控制相关的知识可作为一个单元主题项目进行综合学习。

2. 单元学习目标：蕴含学科本质来确定

深度学习指导下的单元学习目标是指学生在完成单元学习之后，应该获得的学科核心素养的结果，包括能反映学科本质及思想的方法，以及具备解决问题的综合能力等。深度学习的单元学习目标对于教师而言，它是教师教学实践过程中的灯塔，可以时刻为教师指引方向。那么我们在确定单元学习目标的时候要考虑课程标准、单元学习主题与核心内容、单元所承载的学科核心素养的进阶发展、学生的学习基础和发展需求。

小学阶段的图形化编程教学目标指向发展学生的计算思维。我们参考课标中对计算思维的描述，根据学生的接受能力对该单元学生的计算思维素养要求做适当的调整，最终把"将计算机科学领域的思想方法渗透到解决问题的过程中"作为确定图形化编程单元学习目标的依据。当然在实现单元学习目标的时候还要考虑整合性和可测量性，这样就需要我们在问题解决类单元学习主题活动中，结合单元学习主题，遵循问题解决的先后顺序理顺每个阶段的活动目标，将每一个阶段的活动过程、获得的关键知识、发展的关键能力描述清楚，从而体现学生在每个深度学习活动过程中要达成的发展目标。

如"冬奥·一起向未来"大单元学习目标即为在愉悦的情境中掌握编程的方法；在编程过程中提升自己的逻辑思维和计算思维；在试错与程序优化过程中体验成功的喜悦；在探讨协作中感受团队的力量；在交流分享中锻炼个人交际能力。

学习目标在撰写上也可以详尽，如下面以"循环结构"单元学习设定的学习目标。

1. 了解循环结构的作用。

1.1 通过比较能够阐明循环结构使用积木较少，且逻辑清晰的优势。

1.2 能将重复性积木使用循环结构积木进行优化。

2. 了解循环结构的特点。

2.1 正确判断出所给程序是否使用循环结构，并能用语言描述什么是循环结构。

3. 了解三种循环结构的循环原理。

3.1 能够区分三种循环结构并能用语言阐述各自作用。

3.2 运用"重复执行"编写出冰墩墩在舞台来回滑冰的程序。

3.2 运用"重复执行（　）次"绘制方形、圆形等滑冰场。

3.3 运用"重复执行直到"编写"短道速滑"程序。

4. 掌握循环结构的嵌套。

4.1 能使用循环结构的多次嵌套绘制出雪花图案。

5. 创编"冬奥会"主题的程序作品。

5.1 利用循环结构设计编写与"冬奥会"主题相关的程序作品。

5.2 作品流畅，脚本符合逻辑。

再如"控制角色"单元学习目标制订如下：

1. 掌握 积木的用法。

1.1 用"如果……那么……"反复造句，在这个过程中归纳出"如果……那么……"语境的特征，最后得出结论：它是对未来可能会发生的事情的预测，并对预测的结果作出应对措施。

1.2 把"如果……那么……"语境迁移到程序中，使用程序中的真实情境：当小猫角色跑到终点线后就停止运动；再次使用"如果……那么……"造句，提炼程序语言。

1.3 交流 积木的条件和结果指令分别放在哪个位置，区分条件积木放置的位置与结果放置位置的不同，最后，总结提炼出该积木的搭建方法。

1.4 回归"如果……那么……"的使用语境，分析有多个角色时"如果……那么……"应该用哪个角色搭建脚本，得出结论。

1.5 在使用 积木的过程中不断感悟用法，最后明确它是在假设的条件达成后才能执行停止的命令。

2. 掌握 两组积木的用法。

2.1 给老师发送口令，分析老师侧身走的原因，得出结论。

2.2 给老师发布能面向空调走的指令，总结面向积木的作用，再次体会程序的执行顺序与指令下达的顺序的重要性，养成反思的习惯。

2.3 给小老鼠下达指令，移动鼠标，搭建脚本检验效果，对比成功与失败的脚本，总结经验教训。

2.4 将为小猫角色搭建脚本的方法迁移到"面向……"和"移动……"积木的用法，总结出两块积木的使用方法：要根据追踪的角色不同，面向和移动的角色就要发生变化。

3. 掌握 积木的用法。

3.1 把小猫与小老鼠的启动积木换成 ，总结 与 的不同功能。

3.2 运行 控制程序，总结该积木的用法。

3.3 观察两种不同的控制角色积木的用法，说出 与 的不同，总结不同的使用方法：一个是用启动积木控制角色；另一个是用选择角色或鼠标控制其他积木。

4. 掌握 的用法，理解 积木执行多个任务的用法。

4.1 使用 控制角色，体验键盘与软件间的交互性与控制性，总结键盘上哪些按键可以控制角色。

4.2 使用"如果……那么……"造句，感悟达到条件后要做两件以上事情的表述方法，并用编程语言表达出来，自己搭建脚本。

4.3 感悟启动积木 与脚本积木 控制角色的不同，能总结出启动积木启动后执行其下所有积木，脚本积木只是当条件满足后执行框内积木。

3. 单元学习活动设计：具有深度学习特征

深度学习理论认为，学生在单元学习活动的实践探索是单元学习目标能否落实的关键。为此，教师要依据单元学习主题、单元学习目标、学生已有的知识和经验，设计出可体现学科内容本质的、指向单元目标的、适宜的问题情境和学习任务的学习活动。这些活动还应具备辨析性、探究性和实践性。

那么我们应该如何设计呢？例如，为了达成图形化编程单元学习目标，教师在不同阶段划分课时学习活动，将计算思维发展目标合理分布到每一课时，然后搭建任务框架，设计环环相扣的问题情境，实现学生关键能力的梯次提升。首先，可以根据单元学习主题确定总任务。在图形化编程单元学习中，总任务是指学生通过图形化编程的学习最终要实现的作品。总任务起到"锚"的作用，对学生来说应具有"真""趣""难"的特点。其次，可以设计分任务。即根据图形化编程总的课时数、编程知识的内在逻辑、学生认知发展水平和经验以及教学目标，对总任务进行分解，每个分任务间具有内在联系。分任务既可以是总任务即编程作品中的功能模块，也可以是实现总任务所要经过的工作流程，还可以是二者的混合使用。基于上述，我们把总任务分解成规划游戏、绘制舞台背景及角色、键盘控制角色、为角色添加动画、设计反馈机制等分任务。最后，在分任务中一定要融入学生经过思考、实践获得的基础知识和操作技能。

如"循环结构"单元核心任务如下所示：

2022年北京举办的第24届冬季奥运会中有很多经典镜头值得回味，哪个场景或赛项让你印象深刻？你能用程序将这些印象深刻的瞬间记录下来吗？

创编"冬奥会"主题项目程序，我们需要依次完成以下子任务：

1. 打开"奔跑吧，小猫"程序，运行程序，清点所用积木数量，尝试在不更改程序效果前提下，减少积木数量，初步感知循环结构的作用。

2.通过查看程序及脚本判断该程序是否使用了循环结构，并能概括出循环结构的定义。

3.提供"赛前练习""搭建滑冰场""短道速滑"三个微项目，小组自主选择，探究循环结构的三种类型在不同程序中的应用。

4.使用循环结构的嵌套在各自作品中绘制雪花图案。

5.创编"冬奥会"主题程序作品。

再如"控制角色"单元核心任务如下所示：

控制角色是我们编程时最常用的，我们可以用鼠标、键盘控制角色，比如让小老鼠跟着鼠标动；也可以用一个角色控制其他角色，比如让小猫去追逐小老鼠，当小猫碰到小老鼠程序就终止运行；还可以用不同的积木指令控制角色自己或其他角色，比如当小甲虫碰到藏宝图后，藏宝图就移动到舞台中间变大，程序终止执行。本单元我们就来重点研究用事件积木和普通积木控制不同的角色。为了完成这些任务，我们需要掌握这些控制积木的用法，为此，我们要完成的子任务有：

任务一：搭建小猫与小狗进行跑步比赛的脚本，实现无论谁先碰到终点线就终止跑步比赛的效果。

任务二：搭建小猫捉老鼠的脚本，实现老鼠跟着鼠标动、小猫跟着老鼠动的效果，当小猫碰到老鼠后终止游戏。

任务三：搭建小甲虫闯迷宫的脚本，实现用键盘控制小甲虫上下左右移动的效果，并且在小甲虫达到迷宫出口藏宝图变大，显示在舞台中央并终止程序。

4.持续性学习评价：体现教学评一体化

深度学习指导下的单元学习强调"单元目标—学习活动—学习评价"一体化，倡导持续性评价。持续性评价是深度学习中教师教学、学生学习不可或缺的环节。它具有反馈、改进学生学习和教师教学的作用。其评价的关注点从教师的教转向到学生的学，更为注重学生学科核心素养的发展，以及学生在学习活动中的积极性、参与度和创新能力。

深度学习是学生主动的学习，是积极的、建构性的学习，学习过程以学生的学习期待为起点，学生的学习意愿、目标和态度直接影响学习的深度，影响着学生是否能够有效地调动已有经验解决新问题，以及是否能够整合、建构经验。学习活动自始至终都是有意识、有目的地展开的，实际上是学生持续地自我评价、反思和改进的过程，而评价的目的就是改进学习、促进发展，所以评价本身就是学习的组成部分，贯穿于整个学习过程（见图3-2）。

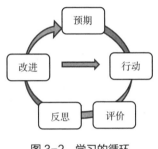

图3-2　学习的循环

【案例】

以编程教学中的"图章学习"一课为例

课时目标：

1.发现造型中心点的不同设置可以让角色呈现不同的运动状态。

2.理解图章具备复制功能且会使用图章复制角色。

3.选出可以与图章积木结合的其他积木，通过组合使用实现不同的效果。

4.能从创作悟空的新式绝招中，体验编程的快乐。

过程性评价：

1.针对目标1达成情况的评价。

评价目标：会设置造型中心点。

评价任务：学生通过旋转金箍棒，发现与伙伴旋转的金箍棒形状不一样，自主发现目标任务。

评价方式：教师在学生操作时深入到学生中的倾听，学生交流时的倾听。

评价标准：每个学生都能够发现造型中心点且通过改变角色造型中心点的位置发生的变化。

2. 针对目标 2 达成情况的评价。

评价目标：找到图章且会用图章。

评价任务：小组合作找到图章的位置，通过探究发现图章的作用且会使用图章积木复制角色。

评价方式：教师在小组交流时深入小组内部倾听学生发言。

评价标准：每个小组都能开心合作，每个成员都能达成目标。

3. 针对目标 3 达成情况的评价。

评价目标：探究图章积木与其他积木的结合效果。

评价任务：学生在自主探究中发现、提出、解决问题。

评价方式：教师鼓励敢于提出问题的学生，同时表扬在探究中自主解决问题的学生。

评价标准：学生能够将图章与其他积木结合使用达成心中所想效果。

4. 针对目标 4 达成情况的评价。

评价目标：会发散思维运用图章积木创作不同的作品。

评价任务：学生展示其创作的作品。

评价方式：教师倾听学生发言，对作品给予点评。

评价标准：能够发散思维，创造性地使用图章积木且思路清晰、程序完整、运行流畅。

在教学中，我们倡导过程性评价，把评价自然地嵌入学习过程，让学生真正成为学习的主人，通过对学习任务的理解、学习过程的展开和自我调控，实现高质量的、有效的学习。在深度学习中，应当鼓励自我评价、生生和师生相互评价。同时，利用好现代技术手段提高评价的质量和效率，促进学生在学习过程中更好地进行自我调节。

二、小学信息科技深度学习实施路径

（一）高质量生活情境实现深度学习

问题是课堂的助推器，是整个课堂的脉络，关系到课堂教学内容的推进情况。新知识、新理解是在具体情境的问题解决中构建出来的。问题情境具有强烈的吸引力，是学生思维发展的"催化剂"，能激发学生对学习的需要，激活学生的创新思维，真实、具有价值的问题解决情境是学生学科核心素养形成和发展的重要载体，因此，教师精心设计问题情境以激发学生的探索欲望，引导学生发现问题、分析问题和解决问题，通过自身情感体验去实现知识的再创造。

深度学习需要什么样的问题情境呢？我们认为，一个好的情境素材需要具备以下特点：一是能够巧妙地将知识融入情境，让学生为了解决实际问题持续不断地寻求解决方法，从而探究真知，避免学生脱离学习情境，无意义地学习，或者为了学习而学习，这样的课堂无从谈及以学生为主体；二是能够串联起知识点，让学生在探究过程中不断发现新问题，并依托问题情境有效解决问题，从而加深对知识的理解，否则学生难以开展深层探究，不利于高阶思维能力的培养和发展；三是能够将知识与实际生活联系起来，让学生亲身体验用所学知识解决实际生活问题，以免出现学用分离的情况；四是能够与学生的生活经验产生联系，与学生心灵相遇，这样才能吸引学生主动学习，造成学生的认知冲突、挑战学生的认识角度，丰富学生的认识思路，帮助学生形成认识方法等。

教学实践中，尤其是在一些公开课、优质课比赛中，很多教师选择避开教材原版素材，挖掘创设新情境和素材，通常的做法是彻底更改，或者核心不改，另外加些点缀的外围信息。怎样来选择好的情境素材呢？创设课堂问题情境需要遵循如下原则：

1. 真实性原则

技术服务于生活。核心素养视域下小学信息科技情境的创设要遵循生活性原则，在情境化教学设计过程中，教师要深入观察学生的生活，挖掘生活中的素材，准确把握教学内容与生活的联系，创设具有一定真实性和现实意义的教学情境，使学生能真切感受到学习内容与生活的联系。学生熟悉的问题是指真实发生在学生身边，与学生日常的起居、饮食、学习、同学交往等生活密切相关的素材，比如环境污染、垃圾分类、家国情怀、节约能源、健康体魄、审美情趣等。

2. 趣味性原则

趣味性，直白地说，就是好玩、有趣，能吸引孩子们的目光和注意力，让孩子们沉浸到课堂学习中来。我国古代教育家孔子说："知之者不如好之者，好之者不如乐之者。"可见，兴趣是最好的老师，是影响学生学习自觉性、积极性和学习效果的最直接因素，作为教师我们要创设具有趣味性的问题情境，激发学生参与热情。

3. 开放性原则

开放式问题情境是指问题的解决方案不唯一，开放性强，具有一定探究性。基于问题情境，学生可能会有多种解决策略，进而通过对比比较找到最佳方案，创设开放式问题情境能激发学生发散性思维，培养学生勇于创新、敢于挑战的精神。

4. 挑战性原则

现代教学理论认为，在学生的"最近发展区"提出问题，能最大限度地调动学生学习的积极性。问题情境的创设要与学生的智力水平和知识水平相适应。问题太简单学生会不感兴趣，过难又会使学生感到高不可攀。因此，要创设富有挑战性的问题情境，让学生的智慧被激活、探索欲被激发，更使学生体验到成功解决问题的喜悦。

如何通过情景的创设，引导学生从已有的生活经验出发进行积极的思考，让学生从新鲜有趣的素材和情节中发现和提出问题，从而促进深度学习、培养核心素养？下面结合优秀课例"小垃圾 大考验"谈一谈编程教学中高质量情境创设的策略。

【案例】

1.将知识融入情境

"小垃圾 大考验"是鲁教版小学信息科技第四册第十课"打地鼠"内容，根据原有知识点，教师创设了新的教学情境"环境保护"来设计本课。此情境贴近学生生活实际，平常我们习惯于用手去捡拾垃圾，用笤帚去扫垃圾，本节课的情境将引导孩子开阔视野，利用信息技术工具来创新生活，更好地保护环境。

2.串联起知识点

课例中重点内容是：一是学会侦测是否按下鼠标，这个内容是通过给机械手搭建脚本实现的；二是学会利用逻辑"和"积木，该目标是通过搭建扔矿泉水瓶的脚本，学会使用"运算"模块中的"和"积木搭建同时满足两个条件的判断。在此基础上，教师引导学生将已有知识"如果……那么……否则"进行迁移并嵌套处理，实现多个垃圾的分类，进行垃圾分类教育。

3.与实际生活相联系

学生通过交流，分析梳理出机械手和矿泉水瓶的工作流程，为后面给机械手和矿泉水瓶搭建脚本理清了思路。通过搭建机械手的脚本，学会使用"侦测"模块中的"是否按下鼠标"积木的使用。在搭建扔矿泉水瓶的脚本时，学生需要考虑同时满足"按下鼠标"和"碰到垃圾桶"两个条件，矿泉水瓶才会进入垃圾桶，这个问题凸显了学生对逻辑"与"的概念理解，通过探索实践、试验比较、反复试错，学生学会使用"运算"模块中的"与"积木来搭建两个条件同时满足的复合条件，从而突破了重难点。

4.与学生的生活经验产生联系

本节课中，学生经历了将学到的知识用以解决实际生活问题的过程，关注生活，关注社会，用编程作为工具来让我们的生活更美好，结尾处播放的人工智能识别垃圾视频，不仅拉近了人工智能和我们的距离，同时也拉近了知识与生活的距离！

（二）思维可视化实现深度学习

思维可视化是指以图示或图示组合的方式把原本不可见的思维结构及规律、思考路径及方法呈现出来的过程。利用思维可视化工具，可以将抽象的思维变成形象的图示，使以感性认识为主的小学生更加直观和形象地理解相关知识。在深度学习过程中，只有让逻辑思维和计算思维参与分析与综合、抽象与具体，深度学习才能实现本真的意义。

思维可视化教学策略在实践中可以概括为三个基本操作步骤：发现结构、呈现结构、迁移结构。同时我们还要关注不同学科所特有的思维本质和发展规律，并将其与思维可视化教学策略进行融合。

将思维可视化运用工具运用在信息科技学科中，有利于帮助学生建构学科知识体系，使得学习内容结构化、系统化，促使学生形成整体性观念和全景式创造性思维，对于帮助学生组织与整合信息、理解与深化知识、梳理与把握规律和方法、培养学习力与创造力，具有重要作用和突出的优势。

下面我将以信息科技教学中的编程教学为例，谈一下编程教学中如何运用思维可视化来实现深度学习。编程教学重点培养学生的编程思维，而编程思维包括逻辑思维和推理思维，思维可视化可采用图表结合的方式，即流程图和"3WH"表格。

【案例】

1. 创设可视化教学情境，驱动深度学习

一切知识都是从感官开始，我们让学生在设计好的可视化情境中看到情境，感受情境，走入情境，不仅能实现学生从形象感知到抽象理解的顿悟，而且能让学生走进教师设计好的教学"圈套"，让学习活动变成一种自觉的行为。

在"图章"教学中，教师首先出示一片花瓣通过旋转变成了一朵七色花，学生通过观察，在脑海中生出一个个有探究价值的问题"一片花瓣是如何变成一朵花？""七色花的每片花瓣形状是一样的，颜色是如何变化的？""我的花瓣旋转后仍然是一片，怎样才能让花瓣一边旋转一边留在舞台上？"这些有探究价值的问题不是教师硬塞给学生的，而是学生在可视化的情境中萌发出来的，这个萌发出来的问题越有研究价值，就说明教师创设的可视化情境越具有合理性、必要性。学生带着自己想要研究的问题来到课堂上，就会主动扎实地行走在探究的每一个流程中，开启深度思考的大门。所以，创设可视化的情境，为深度学习的杠杆指明了发力方向。

2. 提供可视化学习工具，促进深度学习

我们在做一件事情之前，一般都会想一想先要准备什么，再想一想怎么干，按什么顺序干，如果出现意外可以找谁帮忙。其实，这就是逻辑思维。而设计程序就需要学生运用逻辑思维，站在设计师的位置去宏观思考自己的游戏应该怎样设计，每个角色在什么时间、什么地点、要完成什么任务以及怎样完成任务。

但是，这对刚开始接触编程的学生来说太难了：他们的逻辑思维还不够成熟，在这种情况下让他们去规划一个游戏的设计思路，这个挑战的难度太大了！而我们的课堂教学必须向40分钟要质量，为此我们将"3WH"表格引入课堂教学中（见表3-1）。

表3-1　"3WH"决策模型表

Where（在哪里——背景）			
Who（谁——角色）			
What（干什么）			
How（怎么干）			

怎样使用这个表格呢？我们以孩子们都喜欢的"一起去寻宝"游戏为例（见图3-3、表3-2）。

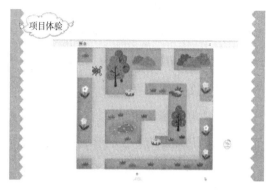

图 3-3 "一起去寻宝"游戏

表 3-2 "一起去寻宝"游戏"3WH"决策模型表

	一起去寻宝			
Where（舞台）				
Who（角色）				
What（做什么）	小甲虫沿着路线行走	如果小甲虫走到路线外，则回到起点重新开始	缩小，藏在迷宫出口位置	当被小甲虫找到时，移到舞台中央并变大
HOW（如何实现）	键盘控制角色面向的方向移动步数	侦测判断小甲虫是否碰到草地的深绿色，如果碰到深绿就回到起点位置	变换角色的大小	侦测碰到小甲虫变大，移到舞台中央

这个寻宝游戏的舞台是整个游戏的背景图片，它不需要动，所以不用进行分析。这个游戏的角色有两个，分别是小甲虫和藏宝图，小甲虫需要做两件事：一个是沿着指定的路线上、下、左、右运动；另一个是不断地判断自己是否偏离路线。

藏宝图也有两个任务：在游戏的前半部分，它以最小的状态藏在出口的位置，另一个任务是判断自己是不是碰到了小甲虫。

怎样实现这四个任务呢？我们就在HOW这一栏引导学生进行细致的规划。

小甲虫的上、下、左、右行走需要使用键盘上的方向键控制；判断是否偏离路线，只需要让程序执行的时候判断是否碰到路线外的深绿色即可。

藏宝图藏在出口的位置，只需要设定角色的大小为10。要它判断是否碰到小甲虫，当碰到之后就变大，需要使用重复执行侦测指令，当侦测二者碰到一起，设定其大小为100。

从整个游戏的分析可以看出，我们把整个程序先按角色的数量一分为二，再根据角色的不同将任务二分为四，最后的目的就是把一个大游戏分解成不同场景下的小游戏，再把小游戏分解为一个个的小程序，引导学生学会将大事化小。

经过这样的分析，学生很清楚每个小程序应该在什么时候设计，怎样设计，他们的逻辑思维就逐步形成了。

在训练学生使用"3WH"表格时，我们分4个阶段走：第一阶段：老师引领学生使用表格分析整个程序的设计思路；第二阶段：当学生有了一定基础后，小组讨论怎样用表格分解程序；第三阶段：自己独立设计程序；第四阶段：经过3个月的训练，学生提升了逻辑思维能力，我们就培养学生脱离3WH表格独立进行游戏的全局规划、设计。至此，我们前面提到的3个问题就顺利解决了。

但是，在真正设计脚本的时候，我们发现学生对HOW一栏里的部分脚本仍理不出头绪，于是推出新的辅助工具——流程图。

流程图是思维的高度概括，小学生如何使用流程图编写脚本呢？经过反复的思考，我们采用3个步骤引导学生使用它：

第一，流程图连线，理顺学生的思路。我们把流程图打印出来，把流程图里要填写的内容打印在旁边，让学生把内容与空格连线（见图3-4）。这样一边有文字对学生进行操作提示，一边有流程图进行思维提示，学生很轻松地就把这个脚本的运行顺序理清了，他们设计起脚本也非常轻松（见图3-5）。

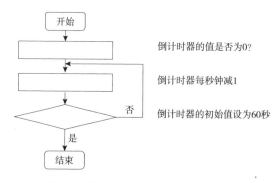

倒计时器的值是否为0?

倒计时器每秒钟减1

倒计时器的初始值设为60秒

图3-4 "倒计时器"流程图连线

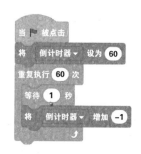

图3-5 "倒计时器"脚本顺序

第二,流程图填空,训练学生的推理思维。当学生具备一定的推理能力后,我们把流程图的某一部分留白,让学生自己填写(见图3-6、图3-7)。这样学生除了要读懂流程图,还要了解角色完成任务的先后顺序,只有这样才能把这部分内容填正确。

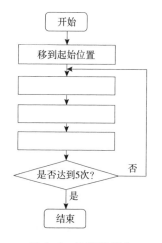

图3-6 流程图填空

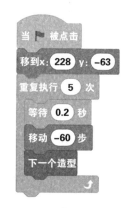

图3-7 脚本顺序

第三,绘制流程图,提升学生编程思维。我们都知道:一道数学题可以有不同的解法,我们提倡用多种方法解题,就是为了培养学生的发散思维,我们编程也同样如此。当学生学习到这个阶段,就可以天马行空地设计自己的作品,再借助流程图设计脚本。

当然,我们更加提倡学生借助一图一表进行创意设计,在一个游戏里设计不同的关卡，让整个游戏充满挑战性。比如刚才提到的迷宫游戏，有的学生增加了许多角色，有的角色可以让小甲虫得到了小礼品，有的角色可以帮助小甲虫加分或减分，有的可以放大或缩小小甲虫，有的可以带小甲虫快速离开迷宫，有的帮小甲虫直接获取到藏宝图。

一个游戏借助"3WH"表格和流程图，处处都能让我们看到学生的创意，每个创意都可以使学生的思维得到训练和提升，他们给程序纠错的能力也越来越强，久而久之学生在这样思维可视化的学习中，他们的计算思维就逐步形成。

3. 设计可视化探究方案，催化深度学习

"授人以鱼不如授人以渔"，教师应重视技能的传授。为此，在项目学习活动中，教师可以让学生以组为单位设计项目实施方案，汇报交流，修改完善，不能忽视这个流程，因为这是学生思维展开的过程。教师作为引领者，在学生思维展开的过程中需要"看""思""推""定"，即看思维内容，分析思维轨迹，推测思维状态，确定教学节奏，让可视化的探究方案向着学生积极的思维方向发展。

在"造型切换"教学中，教师针对"下一个造型"这块积木可以和哪些积木组合创作一个新的程序让学生以组别来进行创意设计。一组依据《西游记》中的悟空学艺创作了"新编悟空学艺"小故事；二组把荷花的绽放过程用程序完美呈现；三组将川剧中的变脸演绎得惟妙惟肖。

这三个小组的设计都是思维可视化的设计，体现出思维的轨迹和状态。可视化的探究方案助推学生深度学习。在这个可视化的过程中，我们"看到了"学生在每个项目设计中的思维碰撞、思维矫正、思维调整，"听到了"思维拔节的声音。

在小学信息科技教学中，教师以"思维可视化"做指导，让学生在学习过程中实现做中悟、悟中学，促使其深度学习，从而将所学知识技能和思想方法迁移应用，有效解决新问题，真正做到举一反三。

（三）师生深度互动实现深度学习

"互动"是把教学过程看作是一个动态发展着的、教与学统一的、交互影响和交互活动的过程。近些年来，编程教学风起云涌，热闹非凡。但是，热闹之余，却掩饰不住学生思维乏力、科学性和严谨性不够、创新不足的事实。小学信息科技课堂也不例外。究其原因，还是这些互动教学仅仅是浅层互动而已，没有触及学生思维深处。教师在编程教学中必须采用多种策略，促进深度互动，才能更加有效地培养和锻炼学生的思维能力、创新能力和解决实际问题的能力，从而提高互动的效果。

1. 深度互动的本质和主要特征

深度互动是指基于深度学习的互动，是在浅层的语言、行为互动的基础上，对相关问题的深层次思考而产生的思想互动、思维互动、情感互动等。深度学习是在主动加工、深度理解的基础上，学习者能够批判性地学习新知识，并将它们融入原有的认知结构中，经过高水平思维过程，灵活运用所学知识能力，解决实际问题的一种学习方式。深度合作互动区别于浅层互动往往有以下几个特征：

（1）深入性，对相关问题的思考、探究能够深入问题的本质。

（2）思维性，互动的相关问题能够激发师生思维的主动运转、交流和碰撞。

（3）严谨性，互动的整个过程实施规范、科学严谨。

深度互动是深度学习的核心环节，深度学习的内涵和质量在很大程度上取决于师生的深度互动状况。深度互动是什么样态的互动？如何实现师生的深度互动？这是营建深度互动的两个基本问题。

2. 深度互动是什么样态的互动

（1）为什么互动？

叶澜教授说："人类的教育活动起源于交往，教育是一种特殊的交往活动。"深度互动的目的在于通过师生、生生、学生与文本等多向对话，最终增进群体的共同理解和个体的自我理解。

（2）互动什么？

在深度互动目的的导向下，深度互动的内容指向于知识的深层理解，知识的关系与结构、知识的作用与规律等方面。

（3）如何互动？

互动的方式有很多：问答、小组合作交流、教师提要求学生回应、学生做出反应教师评价等。不管采取什么样的互动方式，深度互动的关键在于教师通过指导学生交流感受、理清思路、提炼方法、构建模型等，促进师生的情感交流以及思维上的碰撞。

（4）互动效果如何？

深度互动需要借助高质量的问题激活学生的深层学习动机，问题情境的创设要能够与学生的生活经验产生共鸣，把思考引向深度，促进学生高阶思维发展。

3. 如何实现师生的深度互动

我们可以分别从深度互动的驱动、深度互动的维持和深度互动的促进三个方面进行分析：

（1）树立生本意识，把握师生互动角色

据调查，在信息科技课堂教学中，仍有部分教师只是单方面地向学生讲授，不考虑学生能不能接受以及怎样才能让学生更好地接受知识。这部分教师没有意识到师生互动的重要性，缺乏互动意识。教学活动是师生之间的双向活动，仅依靠教师或学生单方面有互动意识的互动会导致"生动师不动"或"师动生不动"的情况，这样的教学不能促进教学效果的达成。教师要对学生的学习活动和想法进行引导，使互动的对象由个别学生拓展到全体学生，为不同能力水平、性格的学生提供相对均等的互动机会。同时，教师要充分了解学生的个性特点、学习习惯和学习水平，挖掘学生潜力，因材施教，创造更多机会让学生参与互动。

（2）设计优质问题，驱动师生深度互动

深度互动需要借助高质量的问题来激活学生的深层动机，进而驱动师生深度互动。教师需要以学情为前提，以学生的认知水平与能力为起点，围绕教学目标与教学重点提高问题设计的针对性，突出问题设计的层次性，既要强化问题的难易适度，又要讲究提问的技巧，在学生自主尝试解决问题的过程中，引发他们对核心问题的深入思考，发现学生的兴趣点与困难所在，考虑学生需要学什么，怎样学才能学得好。

比如"响度的秘密"这节课，核心问题是"理解响度的作用，并将响度嵌入其他积木中搭配使用，创造性地解决生活问题"。这节课之前，学生已经会用鼠标、键盘控制角色的运动，会用"如果"命令，会将自然语言描述的判断条件转换成程序中的表达式，对程序的顺序、选择、循环结构也有了一定的了解。教师由"欢迎来到儿童乐园，仔细观察，游乐园中哪些项目发生了变化，发生了怎样的变化？"这个问题开启了师生间的有效互动，孩子们仔细观察声控项目发生的变化（大小、位置），为接下来的学习做好铺垫。

在声音监测实验中，为了让学生能够用麦克风做实验，理解响度积木的作用，教师提出了两个问题：如何能让电脑听到我们的声音？Scraino软件中哪个积木能够监测我们声音的大小？

针对第一个问题，孩子们积极调试设备，用麦克风模拟人的耳朵，检测和收集声音。对于第二个问题，孩子们饶有兴趣地对着麦克风用不同音量进行测试，继而发现"响度"积木与声音之间的秘密。

在此基础上，教师提问：如何用声音控制喷泉？如何用声音控制小汽车？在教师的引领下，学生逐步深入，通过实践、演示、交流学会了将响度积木与大小积木、移动积木结合控制角色状态，教师的有效提问促进了师生间深度互动。

（3）切身体验和高阶思维，维持师生深度互动

美国教育家布卢姆将思维过程化为六个教学目标，记忆、理解、应

用、分析、综合、评价和创造，其中记忆、理解、应用是低阶思维，主要用于学习事实性知识或完成简单任务的能力；分析、综合、评价和创造为高阶思维，是较高认知水平层次上的心智活动或认知能力。高阶思维的发生就是反思—问题生成—探究、批判—解决问题的过程，可见问题是开启高阶思维的最大动力。所以坚持把问题作为思维主线。每堂课以问题开始，按问题展开，以问题终结，把问题作为思维主线，用问题来激发高阶思维。

那么，教师预设出什么样的问题才能够牵引学生的高阶思维呢？这类问题往往具有以下三个特点：

第一，问题要具有"挑战性"，也就是说"要能抓人"，对于直白或索然无味的问题，即用"是"或"不是"就能回答的问题，学生会不屑一顾；而难度过大的问题会使学生无处下手，从而放弃尝试思考。

第二，问题要有"开放性"。没有现成答案的问题对学生更具有吸引性、挑战性，学生的思维不会受到限制，既能拓展思维的广度，也能激起不断探索的意识。

第三，问题要有"层次性"，要为学生提供适当的台阶。"高立意，小步骤"，这样有利于学生找到思考的切入点，保持思维的连续性。层层递进、步步深入的问题设计，使学生在分析问题、解决问题的过程中培养了高阶思维能力。从某种意义上说，编程教学，特别是其中的算法学习，是培养学生思维品质、提升高阶思维能力的主战场。因此，教师可以聚焦算法，借助编程学习，引导学生基于问题解决，在分析问题、分解问题、算法设计、编程求解的过程中亲历计算机解决问题的全过程，在优化问题求解路径的过程中逐步培养学生的思维品质，提升学生的思维能力。

如"神奇的画笔"一课师生深度互动问题设计（见表3-3）：

表 3-3 "神奇的画笔"问题设计表

基本信息	授课对象			五年级（下）
	课程名称			信息科技
	授课题目			神奇的画笔
维持	高质量问题	核心问题	项目式问题	怎样使用编程工具快速地画出正多边形？
		子问题群	问题 1	生活中你是怎样画出一条直线的呢？你能将关键环节进行排序吗？
			问题 2	怎样使用对应的积木画出一条直线？
			问题 3	画出了一条边，怎样再画出正方形呢，它的步骤是怎样的？
			问题 4	想一想，画正多边形时，重复执行的次数和每次旋转的角度有什么关系？
			问题 5	根据刚才画正方形和正三角形的步骤，猜想如何画出更多边的正多边形呢？

再如"制作电子点菜单"师生深度互动问题设计（见表 3-4）：

表 3-4 "制作电子点菜单"问题设计表

基本信息	授课对象			五年级（下）
	课程名称			信息科技
	授课题目			电子点菜单
维持	高质量问题	核心问题	项目式问题	怎样利用列表相关积木制作电子点菜单？
		子问题群	问题 1	观察这份电子点菜单，包括哪些部分？
			问题 2	量和列表在哪儿呢？怎样新建变量和列表？
			问题 3	你能根据刚才的自学，将右边的积木块拖到左边相应的类别中吗？
			问题 4	角色的触发会引起列表和变量的变化，那么变量和列表中哪些积木块能实现这个功能？
			问题 5	第一位顾客点的菜品没有被清空掉，后面的顾客再点餐会花冤枉钱，可以怎样完善？如何清空列表？
			问题 6	如何为驴肉火烧后的加号和减号补充脚本，实现增加菜品和删除菜品？
			问题 7	如果购物车中包含了这个菜，才能进行删除，否则不发生变化。删除菜品是有条件的，如何实现？

每个任务下分别衍生出具体的辅助问题来帮助目标的有效达成，整个过程像剥葱头一样，一层一层剥开洋葱的皮，不断探索，才能发现洋葱的秘密，层层递进，由浅入深，加深学生对核心问题的认知。这样的问题不蔓不枝、不碎不杂，教学主线明晰、目标明确，起到了很好的引导作用。

（4）评价激励，促进师生深度互动

应该说，学生的切身体验和高阶思维已经为师生的深度互动提供了可靠的前提和保障。以此为基础，信息科技教师还可以采用科学、合理的评价方式和方法，对教学的过程和结果加以及时、有效的监控，不断促进师生的深度互动。

《义务教育信息科技课程标准（2022年版）》强调：注重评价育人，强化素养立意。要加强过程性评价，完善终结性评价。过程性评价侧重反映日常教学过程中学生表现出来的学习情况，应贯穿整个教学过程；终结性评价侧重反映学生阶段性学习目标达成度。小学信息科技师生互动的科学评价要强化真实、具体，通过科学有效的评价让学生获得成功体验，同时也要认识到自身的不足，具体的不足之处要细、要准，要同时提出弥补不足的方法策略，让学生有的放矢。

下面以"制作电子点菜单"一课为例进行讲解。

【案例】

语言评价

在观察电子点菜单包括哪些部分时，教师表扬："你看到了在选择菜品的过程中，总价在不断变化，联想到我们学习过的变量的知识，你学得很扎实！"孩子们点餐时不铺张浪费，吃多少点多少时，老师表扬："新时代，光盘已经成为一种时尚，真是个懂得节约的好孩子！"学生对于如何方便顾客增删菜品这个问题，想出好点子时，教师毫不吝啬夸奖之词："你的想法和软件工程师们不谋而合。"

动作评价

本节课，学生当"小老师"演示如何为水晶包角色编写脚本，完成当水晶包被点击时，将"水晶包15元"添加到列表里，将总价增加15，教师号召全班掌声鼓励，以此给他肯定。当学生对于如何增删菜品还没想出对策时，教师用鼓励的眼神看着他，拍拍肩膀以示安慰。

反思性的自我评价

学生个体的自我评价，即学生根据教学目标对自己的学习状况进行评价。让学生进行自我评价是尊重学生人格的一种表现，也是加强学生自我肯定、自我调节的有效途径。在本节课上，我们设计了一份学生自我评价表（见表3-5）。

表3-5 学生自我评价表

学习收获	自我评价
我认识了列表结构，掌握了新建列表的方法	🍎🍎🍎🍎🍎
我能够根据菜单功能向列表中添加元素	🍎🍎🍎🍎🍎
我能够搭建脚本实现清空列表的效果	🍎🍎🍎🍎🍎
我学会了删除列表中的特定项	🍎🍎🍎🍎🍎
我学会了综合运用变量、列表和选择结构解决问题	🍎🍎🍎🍎🍎
其他收获：	

鉴赏性的小组互评

在巩固提高环节中，学生综合运用本节课所学知识，学以致用，让点餐界面更加人性化。我们设计了学生四人小组为单位，分工合作完成成长计划终极考核。在小组作品展示时，其他小组发现问题时毫不保留地将本组的看法表达出来，从而让作品更加完善。对于优秀的小组作品，其他小组毫不吝惜夸赞。在小组评价的过程中，学生的合作意识与竞争意识逐步增强，学生不仅会欣赏自己，还会欣赏别人，逐渐形成虚心好学、共同进步的良好学习氛围。

在信息科技课堂中，深度互动不仅能有效启发学生思维，拓展知识结构，培养自主、探究的学习能力，而且在良好的学习氛围中各抒己见，集思广益，共同发展。课堂在一次次互动中，升级为思维的"碰撞场"和情感的"交流场"，为教学的顺利完成提供和谐自然的平台。

（四）基于深度学习开展持续评价

小学信息科技是一门操作性比较强的课程，倡导学生亲自参与探究和体验，因此课堂上表现性任务就无处不在。评价是学习过程的组成部分，应嵌入学生学习的全过程。信息科技深度学习中的评价由一系列具体学习活动构成的，它包括具体的学习活动过程和行为要求（标准）；评价标准应该是师生共同建构的，用于引导和帮助学生在学习中展开具体学习活动，并对照学习任务反思、改进自己的学习过程和学习行为，以此促进学生实现深度学习的目标。

持续性评价是深度学习的要素之一，是判定学生学习成果和教师教学成效的依据，合理使用持续性评价可以有效提升教与学的效果。采用持续性评价，要注意处理好单元评价与课时评价的关系，让学生牢记学习目标，并自主监控学习目标是否达成，主动反思和调控学习进程。这就要求教师在设计教学活动时做到评价优先。即明确你即将要把学生带到哪里？怎么知道学生已经到了哪里？如何安排活动才有利于学生展现自我？而学生在完成作品之前会知道该做到什么样子，带着标准去创作，这样教学必定事半功倍。

评价任务主要包括以下类型：学案、课后练习题、实作任务、测验或考试（见图3-8）。

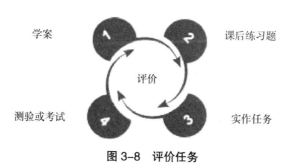

图3-8　评价任务

　　学案评价通常是给学生提供一些素材，设置一定的问题，学生在填写时予以评价。教师在设计学案时要注意与学习目标保持一致，需要学生填写的部分要指向学生的素养发展，避免将教材中的内容搬到学案上。这种即时性评价为课堂中的"生成"提供了契机。

　　课后练习主要是服务于教学目标达成度的检测，题型可以是封闭型、半开放型、开放型。

　　如在学完画图软件后，为学生布置了如下作业：假如我们有机会新建学校，你希望你的校园是什么样子？哪些地方可以融入智能元素？请你用画图软件绘制出你心目中的未来校园或智能教室或某一处场景。优秀作品将通过学校微信公众平台进行展评。

　　再如在学完"H5"软件后，结合学校与学生实际，布置了这样的作业：你参加了学校的哪个社团？每学期学校社团都要招收新成员，为了让志同道合的小伙伴加入你所在的社团，请用你擅长的 H5 软件为社团设计一个邀请函。优秀作品将作为所在社团本学期纳新的邀请函在全校推广使用。

　　实作任务应关注学生的操作过程，特别要"对标""对素养"，评价过程中需要给予学生及时的描述性反馈。

　　下面以鲁教版教材第三册第五课"绘制个性图形"为例进行讲解：

　　【案例】

　　师：同学们，接下来我们以小组为单位讨论一下设计方案及注意事项。

　　学生交流，完成助学单，汇报。

　　师：大家的设计很精彩！绘制的时候得注意什么问题？

　　生：边框颜色和填充颜色要搭配好。

　　师：你很有设计天赋，关注了配色的问题！

　　生：制作的过程中要注意叠放层次，最好是按照设计先插入底层的形状。

　　师：是个好主意！

　　生：制作完了得把形状组合起来，不然一挪动就散了。

　　师：你肯定吃过这个亏，真是吃一堑长一智！

生：形状和文字的大小要调整好。

师：对，还要关注比例协调。

……

师：说得好！通过刚才的交流，我们将作品的评价标准确定如下（见表3-6），请同学们参考标准，把我们的想法付诸行动吧！

表3-6 作品评价标准量表

	评价内容	星级
工具使用	通过修改"形状填充、形状轮廓"设计图形颜色及边框	☆☆☆☆☆
	插入文本框和文字，调整大小，修饰颜色	☆☆☆☆☆
	使用"形状组合"将设计合为一体	☆☆☆☆☆
画面创作	色彩搭配美观，看着舒服	☆☆☆☆☆
	标语耳目一新，让人警醒	☆☆☆☆☆

学生创作、交流、展示。

师：大家一起来欣赏这位同学的作品，评价一下她可以得几颗星？

生1：文本框里的标语字有些小，不醒目，可以得四星半。

生2：心形的边框颜色跟填充色不搭配，可以得四颗星。

生3：文本框和其他图形没有组合到一起，可以得四颗星。

……

在最后一个环节，要求学生综合运用所学知识点进行"礼让标志"的创作。此时，量规就起到了对学生作品的质量进行判断和测量，正确引导学生运用"作品评价标准量表"评价作品。学生分析自己作品优缺点，从而修改和完善作品。无论师评还是生评，评价是基于标准的。

除了作品创作的评价量规，本节课教师还设计了一个星级小组评价量规。

表 3-7　星级小组评价量规

评价内容	星级
任务一：绘制"让行"指示牌	☆ ☆ ☆ ☆ ☆
任务二：组合并移动交通标志	☆ ☆ ☆ ☆ ☆
任务三：设计"礼让斑马线"的交通标志	☆ ☆ ☆ ☆ ☆

小组成员借助助学单合作完成每一关任务，同伴互助获得星级奖励，争得星级小组。这一个小组评价量规，可以帮助老师了解每一个任务各组学生的完成情况和掌握程度，而且小组成员全部过关才能进入下一关这样的捆绑式评价能更好地激发小组合作的内需力，驱动整堂课小组活动热情不减，提高课堂教学效率。

测验或考试多用于单元评价，测验的设计要有系统性，题目的选择要符合评价目标的需要，评测结果具有解读性。可借用校内、校外在线平台或软件收集管理评测结果，更有利于透视学生素养的发展进程。

从上述案例中可以看出，在表现性评价中，一个良好的评价量规至关重要。它指示着学习活动的方向，使得学生的表现既可以体现在完成表现任务活动过程中，也可以体现在完成表现性任务后生成的成果或作品上。

常见的评价工具主要有三种：核查表、采点记分法、量规。上述案例中的量规是在表现性评价中运用最多也最有用的工具。

评价量规是一个真实性评价工具，它是对学生的作品、成果、成长记录袋或者表现进行评价或等级评定的一套标准。它还是连接教学与评价之间的一个重要桥梁。而评价量规又分整体性量规和分析性量规。整体性量规把学生的表现看作一个整体，对其给出一个单一的评价。比如，我们学期末给学生的思想品德评定，给非考试科目学科综合评定等级。分析性量规是将要评价的表现分解成几个维度，分别做出评价。每个维度均有具体的描述，通过对每一个维度进行单独评价，学生就可以得知自己的作品各个方面处于什么水平，什么地方做得好，哪些地方需要改进。所以，分析性量规可以得到关于其作品的精细反馈，对学生提高学习帮助大。

那么这样一个有效的教学评价量规是如何设计的呢？大致可以分为三步：

1. 确定评价目标

《义务教育信息科技课程标准（2022 年版）》详细列出了学科学习目标和各个学段学生应该达到的目标。基于课程标准对教材和学情进行分析，是设定教学目标和评价目标的前提。

教材分析分为纵向分析和横向分析。我们以"绘制个性图形"一课为例，纵向分析：小学四册教材的知识结构体系，中小学阶段同一教学内容之间的表现层递性，从而判定本册教材的地位和作用；横向分析：本册教材，主题大单元内的内容和知识点前后衔接，本节教材内容的所处地位，以及本节做一做、议一议、试一试、挑战自我几个板块内容的分析。综上分析，可以得出本节课学生的必备知识和关键能力。

学生本节的这些必备知识和关键能力该掌握到什么程度，通过学情分析，对学生前后知识和技能掌握情况，个体差异、兴趣点等进行分析，从而判定学生思维或技能的最近发展区。

综上，通过研读课程指导纲要、教材，分析学情后，确定本节教学目标为：

①通过绘制"让行"交通指示牌，并给指示牌安装把手，掌握绘制形状、形状填充、形状轮廓、添加文字及组合形状的基本操作。

②初步掌握插入文本框的方法，完成指示牌的移动。

③综合运用本节所学知识，自主设计"礼让斑马线"的交通标志牌。

然后从目标中提取表现要素，设定评价目标如下：

①熟练掌握绘制形状、调整叠放层次的基本操作。

②学会组合形状的基本操作。

③综合运用绘制组合形状的知识。

2. 设计表现性任务

表现性的任务应以评价目标为依据，体现任务和评价目标的高度相关性，以有效测量学习的过程和结果。设计一个有意义的相对真实的任务情境是实施表现性评价的关键环节，也是提高评价量规效度不可缺少的环节。

教师将本节课的表现性任务设计成"礼让标志"设计大赛，它的核心就是"交通安全"。在成功创设"交通安全"的大情境任务后，将大任务分解成三个小任务：①绘制出"让行"指示牌；②组合并移动交通标志；③设计"礼让斑马线"的交通标志。三个问题任务环环相扣，层层递进。学生可以一边掌握知识与技能，一边也增强了文明交通的意识。事实证明，这是一个高效的表现性任务。

3. 制定评价量规

合理明确的评价标准，可以使教师在整个评价过程中保持客观性。评价标准在制定中可以由学生参与，以更加符合学生实际。用清楚简练、易于测量的目标术语加以表述，使学生能更好地理解执行。

评价量规在制定时，需要遵循如下原则：

（1）完整性。一是评价内容，二是具体表现。每个学生的表现在量规中都能找到相应的评价。

（2）清晰性。语言表达必须清晰明确。评价使用者（教师、学生等都能理解规则中的描述）。因此一定要用一些具体可感的词语来代替模糊的词语。例如，海报具有创造性。"创造性"具有多重含义，这样的语言就模糊、笼统。可以表达为：海报应该抢眼，能使观众"百看不厌"。

（3）实用性。要求一个评价量规使用起来要简单，不是指标越多越好。太复杂学生会烦，也给自己操作增加负担。少即是多，为学生提供有用的信息，为教师的教学决策和追踪学生表现提供必要的信息。

（4）合理性。规定的表现水平要符合学生的实际能力。对各个能力水平的人来说都是公平的。

制作评价量规还需要设计者的心中有一个表现样例。有时候量规的制订不能一步到位，需要在磨课实践中不断修订和完善。

三、小学信息科技深度学习保障措施

深度学习教学改进项目的实施，对一线教师的专业成长，学生正确价值观、必备品格和关键能力的发展，以及立德树人根本任务的落实，起到重要的引导作用。

（一）发挥区域教研功能，搭建深度学习平台

信息科技教师如何转变观念，从研究"教"改为研究"学"，既关注知识与技能的传授也关注学科育人成效等问题，是小学信息科技深度学习教学改进项目面临的难题。对深度学习理论的认识有待深入，尤其是学科专业与深度学习之间的关系很难把握到位等现象，则是一线信息教师面临的挑战。有鉴于此，我们充分发挥区域教研组织的指导优势，深入课堂进行调研，聚焦深度学习教学的关键环节，分析信息教师教学实施情况，梳理、提炼亟待改进的关键问题。

1. 创新区域教研机制

教研机构与时俱进，增强教师队伍的创新力与活力。根据本地区教育发展目标和实际情况，区域教研部门首先要做好深度学习教学改进项目的顶层规划，设计深度学习教学改进项目区域实验工作方案，确定学生成长、教师发展、学校发展和区域发展的目标、需要实施的各项任务、项目的周期，以及成果呈现的方式等。当然如专家指导、校际交流、实施推进等保障机制也需要提前在方案中详细制定。

2. 建设区域学习基地

教师需要通过学习和实践，理解深度学习的内涵与价值。区域内教研员可以根据教师的需求，组织针对性、持续性、多样化的教研活动，增进教师对深度学习的理解和认同，这是对今后实施深度学习的重要保障。比如可以邀请相关学者对深度学习进行专业讲解，对于深度学习理论可以结合一些经典案例来进行梳理，全面剖析关于深度学习的实践案例，让区域

内的老师对关于国内外深度学习相关的研究成果有所了解。老师们通过学习和感悟从整体上理解深度学习对于学生在信息科技理解与核心素养培养上的价值。

线下机构为区域内教师提供了更好的学习平台，线上教研活动也不容错过。此项教研活动方式可打破传统教研模式的区域界限，以某一所学校的某一节课堂为中心，通过教研平台，以"互联网+"的形式，线上同步听课、探讨、评价、反思等向全区推广。实现跨学校、跨区域的教研资源共享，汇聚教研活动成果和学科优质资源，可提升全区教研成效。

3. 发挥教研员的力量

落实小学信息科技深度学习的主阵地是课堂，解决好课堂教学中的各种问题，才能达成深度学习的目标。教师将教育经验和深度学习理论转化为教学行为、优化教学过程是重中之重。为此，教研员"下沉"到实践中，通过集体研讨、深入学校调查研讨等方式了解学校教研活动的开展情况，以及教师对专业发展价值、深度学习前景等方面的认识。教研员是一线教师参与深度学习教学改进项目的贴身导师，引导教师将理论知识运用到教学实践中，提升教师的主体意识和能力，促进教师教育思想、知识结构和教育能力不断发展。

4. 区域校际纵横联动

由于各所学校学术水平和教学水平存在差异，教师群体也会存在差异，所以点、面结合，加强区域校际纵横联动十分必要。"纵"即采用分层教研策略，建立学习共同体，聚焦核心骨干教师，对其进行方向引领，通过高级研修加强教研沟通，提升骨干教师专业能力。"横"则是校际协作，各联盟校以深度学习教学改进项目为载体，开展专题研修、实践研究等活动，建立教研共同体。区域内各学校进行充分的交流和研讨，及时梳理疑点、难点问题，共享教研成果，推动校与校之间的协作教研，推进区域教育均衡发展，提升教师专业素养。区域校际纵横联动为教师学习、教研共同体提供了基础的活动保障。

（二）提高教师专业素养，适应深度学习需求

从双基到四基，从四基到核心素养、深度学习，社会飞速发展，教育也发生着翻天覆地的变化。教师是教育改革中的执行者、创新者、引导者、示范者，对学生的品格发展、素养提升及成绩提高起关键作用。教学改革走到今天，现实教学中仍然存在"满堂灌""一言堂""以考代学"等现象，课堂实效与学生素养严重受限。

深度学习教学改进项目让我们重新认识学习的意义、知识的力量、教师的价值。在这个信息飞速发展的时代，教师帮助学生愉快地习得，学生在教师的指导启发下学会质疑、批判、思考、融通、创新。我们教师唯有转变传统的教育观念，才能培养"面向未来，面向世界，面向现代化"的复合型人才。

教师具有丰富的知识是教好学生的前提条件。学习永无止境，教师更要善于学习，积极提升专业素养，将素质教育落到实处。

1. 加强理论学习

深度学习以单元内容为主线，教师以任务和问题解决为依托组织教学内容，以学生为主体开展教学活动，以多样化的解决问题策略展示学习成果，从内容单元向学习单元深度学习。

深度学习需要教师对单元内容具备整体把握和规划能力，对教师的专业素养提出了更高要求。教师提升自身专业素养的过程，是教师经由职前学习、职业培训，习得教育专业知识与技能，逐步提升自身综合素质的过程。深度学习强调终身学习。教师在深度学习过程中首先要成为学习者，而其理解与应用深度学习的基本前提是，加强与深度学习相关的理论学习，如网络听评课，学习名师的教学思想与方法；阅读专业书籍，储备理论知识，革新自我教育教学理论；参加教研活动，及时进行教学反思；等等。

2. 深入课堂调研

课程改革直接指向学生的核心素养，我们谈高效、追深度、做教研，然而效果始终不够理想。理论学习融不进课堂，听评课活动不仅激发不了教师改变的欲望，而且成了教师的负担。为何转变如此难？老师很冤枉，不是不想改变，而确实是因为课时太少，时间紧任务重，课堂上完全放手，意味着练习减少，不巩固又怎么会有成绩？时间究竟都去哪儿了？改变真的就要冒着成绩下滑的风险吗？课堂里的事情应该到课堂去寻找答案。进入课堂我是什么？崔允漷教授说："进入课堂，我是一面镜子。如果我的镜面模糊不清，我看不清自己，又能照见些什么呢？"吴江林教授提到，进入课堂，如果没有明确的观察目标，依然会导致听课者如盲人骑瞎马，漫无边际、漫不经心、漫无目的。教育的真谛与秘密潜藏在细节之中，捕捉生动的细节加以"咀嚼"才是真正的教育研究。

于是，我们直面问题，首先进行课堂观察。有效的课堂观察让"镜面"更加清晰，有效的观察维度让剖析更加深入。用数据来说话，才能找到问题的症结所在。

课堂观察就是通过观察对课堂运行状况进行记录、分析和研究，并在此基础上改善学生课堂学习状态、促进教师专业发展的一种教育科学研究方法。许多一线教师进行课堂观察没有收获的原因多在于"四多四少"：自由散漫的多，确立主题的少；说优点的多，直指缺点的少；泛泛而谈的多，细节描述的少；单向评价的多，对话碰撞的少。其实老师也知道自己的问题，可是真的没时间去研究。我们认为，所谓"没时间"仅是客观原因，究其根本还是老师没有体会到课堂观察带来的成长。为此，我们采用"小步走"的方式，成立专门的研究小组，从领到扶再到放，让每一位教师都能够明方法、有收获（见表3-8）。

表 3-8　课堂问题设计观察量表

时间：　　　　课题：　　　　　　　　　　　授课人：　　　　听课人：

序号	提问内容（核心问题打√）	对应目标			问题维度			
		1	2	3	知识	技能	方法	思维
综合分析								

　　在深度学习视域下，教师审视课堂教学中的各个层面，不断想办法改变自己的课堂教学行为，如何突破重难点？如何直观形象地帮助学生理解？如何让思考更深入？……

　　随着课堂观察的深入，教师的听评课能力逐渐提高，于是我们将观察视角扩大至不同学科。老师有了不一样的感受。如小组合作维度观察，教师在多学科观察中得出了这样的结论：虽然学科不同，但提高小组合作效率都需要有明确的分工，而这明确的分工不是一个人的专权，而是相互之间的体验；小组合作是要建设的，小组长是要轮流当的；任务分工不是一个人要知道的，而是人人都要明确的，这样才能达成"人人都是课堂小主人"的学习目标。应用观课量表进行课堂观察，让学科间有了相互学习的桥梁，有助于教师整合跨学科知识。

　　总的来说，课堂观察的大致流程如下所示：

　　组团（基于同一需求）、制量表（同学科）、听评课（同学科）、评析提升（同学科）、听评课（跨学科）、交流提高（跨学科）、探究其他问题观察。

　　作为一种行动研究方法，课堂观察不仅要"观"，更要突出"察"，用研究的眼光来解读课堂的现象与细节，发现问题，分析问题，帮助教师解决问题，提升教学的有效性。每次观察结束之后，执教教师都要分三步进行反思、研究和总结：

第一步，教师进行教学反思；第二步，统计与处理课堂信息、数据，形成观察结果，做到有理有据，简明扼要；第三步，与同伴交流、分享，互相碰撞，互受启迪，教育思考不断精进，教学行为发生质的飞跃。

第四章　指向深度学习的单元教学案例

"我爱家乡绘画展"单元教学案例

单元主题：我爱家乡绘画展。

教材版本：山东教育出版社 2018 版。

授课年级：四年级。

单元总课时：7 课时。

一、单元主题解读

《义务教育信息科技课程标准（2022 年版）》倡导真实性学习，课程目标中与画图单元相关的要求有：在日常生活中，具有主动使用数字设备的兴趣与意识；知道数字设备使用的基本规范，养成数字设备使用的好习惯；体验文字、图符等多种输入方式的表达与交流效果，有意识地使用数字设备处理文字、图片等；能选用恰当的数字化方式表达个人见闻和想法，乐于与他人分享信息。

本单元让学生了解电脑绘画的优势，以学生已有的知识、技能和经验为起点，遵循学生学习规律，注重与学生实际生活、地方特色相联系，激发学生对电脑绘画的好奇心和学习兴趣，产生探究画图软件的热情，为学生创设自主、合作、探究的学习情境。在教师指导下，学生运用画图软件开展合作学习与创新活动，激发了对信息科技学习的好奇心和学习兴趣；

能利用画图软件提取、分析家乡的风景照片，创作简单的电脑绘画作品。

课堂教学是培养学生创新力、学习力和迁移力的主要渠道。本单元将信息科技学习内容与学生的现实生活相联系，创设"我爱家乡绘画展"的主题情境。整个单元围绕画图软件开展教与学活动，内容与学生生活成长的家乡"文登"相联系，激发学生对家乡和大自然美景的热爱。通过探究画图软件操作技巧，学生提高了使用画图软件进行创作的能力，并且在创作的过程中更加了解、热爱家乡，也培养了欣赏美、创造美的能力。在本单元学习活动结束后，班内举办学生电脑绘画作品展，激发学生进行电脑绘画的热情，使学生真真切切地感受到信息科技在现实生活中的作用，促进学生数字化学习与创新能力和信息社会责任的提升。

从教学内容来看：教师"我爱家乡绘画展"为主题，创设了以下主题情境——初识画图新朋友、如诗如画昆嵛山、几何图形新文登、抱龙河畔杨柳青、串串樱桃缀满枝、鱼儿嬉戏水中游、我爱家乡绘画展。

从学生的认知来看：学生对电脑绘画非常感兴趣；学生有纸上绘画的基础和经验，对于设计美术作品有很大帮助；学生的构图能力、造型能力、色彩搭配能力是其创作电脑绘画作品的基础。

本单元是小学信息科技第1册第2单元的内容，四年级学生是在学习了电脑的基本操作、打字、写字板等内容后，来学习本单元内容，主要内容是电脑绘画，此单元在信息科技教材中有着举足轻重的地位，在帮助学生掌握基本的绘图工具的同时，在课堂中渗透德育和美育，全方位培养学生的核心素养。

二、单元学习目标

（一）内容分析

本单元内容为画图单元。按照单元教学的理念，重新规划教材主题，以"我爱家乡绘画展"为主题，以家乡的特色为主题创设学习情境，把画图软件的知识贯穿其中，引导学生对画图工具及画图技巧自主探究，进行深度学习。在探究学习、自主创作的过程中，学会用画图软件创作以家乡为主题的电脑绘画作品，提高创作美、欣赏美的能力。

（二）学情分析

本单元课程为四年级上学期的内容，经过第1单元的学习，学生初步掌握了计算机的基础操作技巧，具备一定的动手操作能力。四年级学生对绘画有浓厚的兴趣，但对使用绘图软件作画比较陌生。教师将学习内容与学生的现实生活联系起来，根据学生熟悉的家乡风景和事物创设绘画创作情境，提高学生的学习兴趣。这样一来，学生在作画时脑中会有一定的印象，便于进行艺术表现和加工。本单元主要学习画图软件的使用，重点培养学生的观察能力、自主探究能力、作品表现能力及审美能力，提高学生的数字化学习与创新素养。通过观察照片、创作美术作品，学生探究画图工具的使用方法并进行创作。学生对计算机有所了解，认识文件和文件夹，会建立文件夹、使用写字板及打开、关闭菜单等。他们将这部分已有经验迁移到本单元，更容易掌握画图技巧。

（三）目标设定

熟练使用画图软件，包括开关软件、图片、保存与另存绘图作品等基本操作。

掌握"铅笔""橡皮擦""刷子"等工具的使用方法。

学会使用"基本形状"和"多边形"工具绘制几何图形。

灵活使用"文本"和"曲线"工具进行电脑绘画。

掌握矩形选择和自由图形选择图形的方法。

掌握移动与复制图像的方法。

掌握放大、缩小、扭曲和旋转图像的方法。

能用画图软件画出某个生活情境。

提高欣赏美、创造美的能力。

提高学习和使用计算机绘画的兴趣，养成良好的计算机使用习惯。

三、单元学习活动

（一）单元学习规划思路

教师依据每节课的内在联系和逻辑关系，梳理、提炼、重组单元教学内容，着意体现单元主题的地方特色。文登是一座历史悠久、山水如画的小城，近年来被乡村振兴大潮注入新动能，呈现出一派全面发展的新图景。学生探究画图软件的使用方法，将学习内容与家乡文登的现实生活联系起来，深切感受到家乡之美，越发了解到信息科技在现实生活中的作用，同时提高了自身信息加工和应用的能力。

学生围绕单元主题"我爱家乡绘画展"，用画图软件画图，思考构图、造型、色彩搭配等方面，掌握了画图工具的使用技巧，提高了艺术表现力和创作力。

第一课"初识画图新朋友"设计思路：通过观摩范例作品，学生明晰电脑画图的优势，激发出学习电脑画图的兴趣。本节课教学内容包括：调整画纸大小；用悬停法了解新命令或工具；用"铅笔"画图；用撤销命令及"橡皮擦"修改画作；用"用颜色填充"为画作上色；用"放大镜"处理漏色问题。

第二课"如诗如画昆嵛山"设计思路：通过欣赏昆嵛山的宣传照片，学生领略家乡之美，对家乡美景有个大致的印象和规划。本节课教学内容包括：了解"刷子"的常规用法，用"刷子"画出昆嵛山。

第三课"抱龙河畔杨柳青"设计思路：抱龙河贯穿文登城区，两岸柳树成荫，是人们休闲放松的首选目的地。通过浏览熟悉的抱龙河沿岸风光，学生观察河、桥及柳树的形态，分析自己作品的表现形式，小组合作探究、运用"直线"工具和"曲线"工具。

第四课"几何设计新文登"设计思路：教师出示召文台、居民小区建筑图片，让学生设计未来文登，让家乡更美丽。学生观察建筑结构，探究画法，尝试使用多边形工具勾勒出一幢幢美观的建筑。在展示、评价环节，引导学生观察、分析画作，提升创新思维、审美能力和创作能力。

第五课"串串樱桃缀满枝"设计思路：本节课教学内容包括：学会使用"矩形选择"和"自由图形选择"；移动和复制图形。学生在前面的单元学过如何复制文件，可将经验迁移到本节课。本课创设了绘制文登特色水果樱桃的主题情境，利用一串樱桃变出多串樱桃，学生复制和移动图片，绘制出串串樱桃满枝头的丰收画面。

第六课"鱼儿嬉戏水中游"设计思路：本节课主要学习画图技巧：图片放大、缩小、拉伸和扭曲。先出示图画让学生观察鱼的姿态，再提出问题让小组讨论，看看这些金鱼有什么变化，引出探究问题：怎样改变鱼的形状？学生尝试输入不同的数字，观察鱼的变化，找出最佳变化效果，从而绘制出姿态各异的鱼儿在水中嬉戏游玩的画面。最后，展示优秀作品，让学生介绍鱼的变化过程，为其他同学提供一定借鉴经验。

第七课"美丽文登绘画展"设计思路：本节课是综合实践课，学生合理选用画图工具和画图技巧画图，为美丽文登创作一幅画，用绘画作品表达对家乡的喜爱之情。教师出示示范画作，引导学生观察示范画作的构图，然后分析绘画的先后顺序——先画主体再画背景，先画近景再画远景，色彩搭配美观和谐。在展示、评价环节，可以让学生介绍用到了哪些画图工具和画图技巧，从技能运用、创作构思、画面构图、颜色搭配等方面进行评价，让学生在自评互评中取长补短，共同提高。

（二）单元学习规划设计

表4-1 "我爱家乡绘画展"单元学习规划设计表

课时	学习目标	学习内容	学习活动	学习资源
第1课"初识画图新朋友"	1. 学会启动画图软件 2. 了解画图软件的界面与常用命令选项 3. 会调整画纸大小 4. 学会使用"铅笔""橡皮""用颜色填充"工具及撤销命令 5. 会保存画图作品	"铅笔""橡皮""用颜色填充"工具及保存文件的方法	出示"文登学"广场图片，引导学生观察、探究用铅笔工具画图并填充颜色	文登风景图片
第2课"如诗如画昆嵛山"	1. 了解"刷子"的种类和笔触特点 2. 合理使用各种"刷子"画图 3. 会用"文本"工具添加文字	"刷子"工具的使用方法	通过尝试、观察，感受各种"刷子"的特点，尝试在绘画中合理使用	昆嵛山图片
第3课"抱龙河畔杨柳青"	欣赏抱龙河畔风景，学会使用"文本""曲线"工具	"直线""曲线"工具的使用方法	通过观察图片，分析讨论，研究"曲线"工具的3种用法	抱龙河两岸柳树成荫的图片
第4课"几何图形新文登"	1. 了解各种"形状"工具，掌握"基本形状"工具和"多边形"工具的使用方法 2. 学会设置"形状"工具的轮廓和填充样式 3. 能够综合运用"形状"工具绘制图画，表现对文登未来建筑的展望	"形状"工具的使用方法	1. 观察图片，分析各部分形状 2. 查找对应的"形状"工具 3. 探究"多边形"工具的使用方法	召文台、居民小区建筑图片
第5课"串串樱桃缀满枝"	1. 学会使用"矩形选择"工具和"自由图形选择"工具选择图形 2. 掌握移动、复制图形的方法 3. 合理使用移动、复制技能进行绘画创作，提高构图能力和审美能力	图形的移动和复制	1. 探讨画图技巧 2. 移动、复制文件进行绘画创作	樱桃园、樱桃树图片

续表

课时	学习目标	学习内容	学习活动	学习资源
第6课"鱼儿嬉戏水中游"	1.学会调整图形的大小 2.学会通过图形的旋转、拉伸、扭曲等操作,对图形进行多种变形 3.用放大、缩小、旋转、扭曲等命令处理图片	调整图形大小、变形图形	1.出示图画让学生观察鱼的姿态,再提出问题让小组讨论,最后展示优秀作品并进行介绍 2.观察鱼的变化,找出最佳变化效果,绘制姿态各异的鱼儿	图片、绘画作品
第7课"美丽文登作品展"	1.综合使用画图工具、巧妙运用画图技巧 2.明确画图的先后顺序及遮挡关系 3.提高评价能力和审美能力	画图技巧的综合运用	欣赏美景,了解构图的意义,理解先画主体再画背景,先画近景再画远景的规则	文登风景图片

四、单元评价

基于深度学习的单元主题教学评价主要考查学生是否积极主动地进行探究、操作、发现,是否积极沟通与合作,是否能将已有知识和经验迁移运用到新的情境中,等等。

针对各课时学习目标,设计以下评价方案(见表4-2):

表4-2　持续性评价设计表

课时	评价目标	评价任务	评价标准	评价方式
第1课"初识画图新朋友"	1.会调整画纸大小 2.会使用"铅笔""用颜色填充"工具 3.会保存图片	1.调整画纸大小 2.用"铅笔"简单画出风景,合理使用撤销命令和放大镜 3.将文件保存到E盘自己班的文件夹"美丽文登"中	1.能根据创作需要将画纸调整到合适大小 2.能灵活使用"铅笔""橡皮""用颜色填充"工具进行电脑绘画 3.能将文件保存到指定位置并合理命名	课堂观察,展示及评价作品,提交作品

课时	评价目标	评价任务	评价标准	评价方式
第2课"如诗如画昆嵛山"	明确不同种类"刷子"的笔触特点	合理运用"刷子"工具表现昆嵛山风景	能根据各类"刷子"的特点，选择合适的"刷子"进行电脑绘画	小组合作，课堂观察，展示及评价作品，提交作品
第3课"抱龙河畔杨柳青"	会用"直线""曲线"进行电脑绘画	1.用"直线"工具简单绘制出抱龙河 2.用"曲线"工具画出杨柳随风摆动的姿态	能使用"直线""曲线"工具画出抱龙河畔的杨柳	课堂观察，小组合作，展示及评价作品、提交作品
第4课"几何设计新文登"	会合理使用"基本形状"和多边形工具进行绘画	合理使用不同的"形状"设计文登未来的建筑	能使用"基本形状"和多边形工具做出未来建筑设计方案	课堂观察，展示及评价作品，提交作品
第5课"串串樱桃缀满枝"	会对图形进行移动和复制	你能把"一串红彤彤的樱桃"变成"樱桃挂满了枝头"的画面吗？	能根据画图需要选择工具，能熟练地移动和复制图形	课堂观察，小组合作，展示及评价作品，提交作品
第6课"鱼儿嬉戏水中游"	会调整图形大小，以及旋转、拉伸、扭曲	你能用一条鱼变出多条、多种姿态游动的鱼儿吗？	能将图形调整到理想大小、形状，创作出一幅鱼儿戏水图	课堂观察，小组合作，展示及评价作品，提交作品
第7课"美丽文登绘画展"	能合理运用画图工具和画图技巧进行绘画创作	综合运用学过的画图工具和画图技巧创作一幅美丽的家乡作品	能熟练运用画图工具为家乡创作一幅风景画卷	课堂观察，小组合作，展示及评价作品，提交作品

五、教师反思

（一）主题情境，激发学生探究兴趣

本单元主题是"我爱家乡绘画展"，教师将主题与学生成长的家乡——文登联系起来，一个个文登美景串联起单元知识点，激发学生对家乡和大自然的热爱之情。课堂上，教师引导学生根据自身创作需要探究画图工具

的操作技巧。例如，为描绘昆嵛山风景探究"刷子"的使用方法；为描绘抱龙河畔杨柳探究"直线"和"曲线"的使用方法；为绘制一串串樱桃探究移动和复制图形的方法……通过问题引导、自主探究、小组合作等方式，学生熟练使用画图软件，提高了审美能力。

（二）问题引领，提高教学实效性

新课标倡导以"问题引领"学生的深度学习，启发学生进行深层次思考及探索，体验学习成就感。在实际教学中，教师通过一个个具体问题，引导学生围绕问题进行探究性学习，层层深入，打牢知识基础，提高教学实效性。

精心设计的问题，可以让学生的思维"活"起来。本单元每一课的主题都是单元主题的延伸，学习情境是学生耳熟能详的文登。教师根据学生的绘画水平提供示范图画，学生观察实景图和效果图，讨论如何使用电脑画图。问题引领式的教学模式通过充分发挥教师主导作用，营造平等、和谐、民主的课堂氛围。学生积极思考、主动探究、深度参与，通过自己的实践来解决问题，在探究过程中提高了学习能力，培养了数字化学习与创新能力。

学生在自主探究过程中会遇到各种各样的问题，教师要及时关注并有效利用，因为这些问题往往是本课的重难点。

（三）探究合作，增强学生学习体验

深度学习具有以下五大特征：联想与结构、活动与体验、本质与变式、迁移与应用、价值与评价。深度学习强调学生的主体体验，我们通过增强学生体验的方式引导学生自主尝试、小组合作解决问题，从被动学习变为主动学习。探究性学习离不开学生的主动思考、深度参与。在本单元教学过程中，学生动手实践，尝试使用电脑画图，体验创作的乐趣。教师在小组合作环节关注不同层次学生的需求，留给学生充分的思考空间，在合作

中得到答案。通过合作解决问题，学生学会分享与表达，也能够认真倾听他人发言。

例如，学习"直线"和"曲线"工具时，教师首先展示用"直线"和"曲线"工具创作的作品，使学生对这两种工具有直观印象，特别是用"曲线"工具可画出多种效果。然后让学生仔细观察不同类型的曲线，引导学生掌握不同弧度曲线的绘制技巧。对于难度较大的封闭曲线，学生以小组合作的方法探究操作要点后，再实践验证。学生在思维碰撞的过程中，对"曲线"工具有了深层次的理解。

（四）总结延伸，构建深度学习知识框架

学生只有对知识有了深刻的理解，才能将所学知识串联起来，形成系统的知识体系。在总结环节，师生交流本课知识与技能，用绘制思维导图的方法梳理各个知识点，在潜移默化中培养学生及时总结和反省的良好学习习惯。在延伸环节，布置开放式作业，学生继续深入钻研，将所学知识与技能，和生活实际联系起来，有助于巩固记忆、促进深度学习。

六、教学片段

第5课时：串串樱桃缀满枝	
学习目标	1.通过绘画情境，学会使用"矩形选择"工具和"自由图形选择"工具选择图形，明确二者的适用条件。 2.通过将樱桃移到合适的位置，学会设置图形背景透明的方法。 3.通过创作"樱桃满枝头"的画面，学会在画图中移动、剪切、复制的方法。 4.通过自选主题进行绘画创作和评价，提高合理使用移动、复制技能进行绘画创作的水平。 5.在探究过程中，提高合作能力。 6.在电脑绘画创作的过程中提高对家乡的热爱之情。

续表

教学环节	学习活动	评价要点
环节一： 创设情境，激发探究	1.（出示樱桃节的图片）同学们，你们参加过文登樱桃节吗？文登樱桃每年都会吸引众多市民、游客，他们来到昆嵛山樱桃节现场采摘樱桃、吃樱桃。线下活动与线上活动联动，让文登樱桃美名远扬。 2.学生交流对樱桃的印象，从外观、口味等方面来描述。 3.文登樱桃酸甜适口，品质上等，每到樱桃成熟的季节，都有许多人慕名参加当地举办的樱桃节。这节课我们就用画图软件创作一幅串串樱桃缀满枝的丰收画面。（出示课题）	创设文登樱桃节情境，让学生了解家乡特产，产生自豪感
环节二： 任务驱动，探究新知	任务一：移动图片 1.仔细观察樱桃是怎样生长的。 2.打开桌面文件"樱桃满园"，观察这幅图有什么问题。（红樱桃位置错误） 3.联系移动文件的方法，尝试将樱桃移到树枝上。 4.预设问题：选樱桃的时候，会把旁边的樱桃叶也选上一部分怎么办？图形靠得太近，用自由选择工具也不能完整选取图案；将樱桃移到树枝上，背景是白色的怎么办？ 5.学生探究、交流解决办法。 6.总结"自由图形选择"工具的适用性；对于较难选取的图形，可用"放大镜"放大，然后再圈选。 任务二：图形的复制 1.师：我们的作品是表现"红红樱桃满枝头"，同学们看，这幅作品存在什么问题？现在树上只有少量的樱桃，而真正樱桃成熟的画面是这样的（出示图片），怎么画出樱桃丰收的喜人画面？ 2.师：我们此前学习过复制文件的方法，在画图时能不能用这种复制的方法变出多个樱桃呢？大家还记得怎样复制文件吗？ 3.学生交流复制文件的方法。 4.师：大家联系复制文件的方法，尝试将一串樱桃变出多串樱桃挂满枝头。 5.学生交流复制图形的方法。 6.学生根据交流复制的多种方法，选择自己喜欢的方法复制樱桃。 7.思考：怎样快速画出一片樱桃园？ 8.学生尝试使用"矩形选择"工具，并与"自由图形选择"工具比较，总结两种工具的区别。 9.展示、评价学生作品，从樱桃的数量、位置，樱桃树的位置安排等方面进行评价。	1.观察图片，了解樱桃在树上的位置，有利于作品的创作 2.创设问题情境，引导学生探究"矩形选择"工具和"自由图形选择"工具的用途 3.学生深度探究预设问题，解决重难点问题

续表

教学环节	学习活动	评价要点
环节三：综合运用，巩固提升	1.同学们用移动、复制的方法画出了家乡樱桃满枝头的画面。下面大家自由选择一个主题，用复制的方法进行创作吧。 2.出示主题：柳树成荫、美丽的花园、热闹的马路。学生打开相应的文件，复制图形，添加合适的背景。 3.展示学生作品，师生评价。	1.学生从多个主题中选择自己喜欢的进行创作，提高学习积极性 2.将本课所学知识应用到主题绘画创作中，提高电脑画图水平
环节四：课堂总结，拓展延伸	师：这节课你有哪些收获？ 拓展：有了这些画图工具，我们可以更加方便、快捷地画图。课后同学们欣赏一下家乡美丽的风光，尝试用今天学到的画图技巧，创作出更多更美的作品。	1.交流本节学到的知识，理顺知识结构 2.鼓励学生多去欣赏家乡的美丽风景，并用所学知识表现家乡的美景

板书设计：

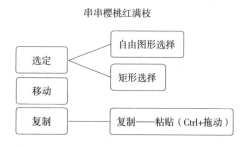

图 4-1 "串串樱桃缀满枝"板书设计

七、单元作业

（一）单元作业简介

本单元教学内容是小学信息科技教材第一册第二单元，教师基于深度学习理念，根据教材内容设计单元作业——"家乡美景我来画"。学生学习使用画图软件，体验电脑画图的优势，提高审美能力、数字作品的表现能力和创新能力，表达对家乡的热爱之情。

（二）单元作业思维导图

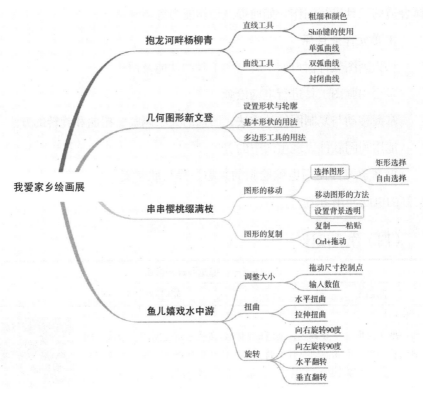

图 4-2 "我爱家乡绘画展"单元作业思维导图

（三）单元作业解析

1. 课标解读

通过运用画图软件进行创作，学生了解了电脑绘画的优势，作业与学生实际生活相联系，激发出学生对电脑绘画的兴趣。学生积极主动地探究画图工具和画图技巧，能将源于生活的创意运用各种形状工具体现出来，表现生活中的美，提高学生的学习能力、创新能力和迁移能力，培养学生的数字化学习与创新素养。

2. 学情分析

学习者为四年级学生，了解电脑基本操作，喜欢绘画，对用电脑画图感兴趣。本单元主要是让学生学习画图工具的使用技巧，重难点是如何选择合适的工具进行创作、如何提高创作能力等。

3. 单元作业目标

认识画图软件窗口，了解画图工具的功能及用法。

学会用画图工具进行电脑绘画。

掌握移动与复制图像的方法，图像的大小调整、扭曲和旋转的方法。

能用画图软件表现生活中的美。

提高学习和使用电脑绘画的兴趣，提高欣赏美、创造美的能力，养成良好的电脑使用习惯。

（四）作业设计

任务一：抱龙河畔杨柳青	
问题1	如何画杨柳？

1. 想一想。

师：抱龙河贯穿文登城区，河畔的柳树是文登一道亮丽的风景线。同学们想一想，抱龙河边有什么特点？用什么工具来画？岸边的杨柳有什么特点？用哪个画图工具作画？怎样表现这种意境？

（设计意图：学生观察抱龙河风景照，思考可用哪些工具画出这一画面。）

2. 试一试。

（1）找到"直线"工具，选择合适的粗细，尝试画出抱龙河堤。

思考：如何使用"直线"工具画出水平线、竖直线？

（2）观察柳条的样子，想象如何表现，用"曲线"工具分别画出一个弧度和两个弧度的曲线来表现柳条。

思考：画一条曲线需要几步？画一个弧度和两个弧度的曲线，操作时有什么不同？

（3）观察：柳叶是什么形状的？用"曲线"工具如何画出来？

尝试：用"曲线"工具画一条短线，然后向左上方和左下方拖动，勾勒出柳叶的形状。

思考：想画出柳叶，有什么技巧？ （设计意图：探究水平线、竖直线的画法，查找画图工具，通过实践操作体验其使用方法。） 3.画一画。 用"直线"和"曲线"工具画出抱龙河边风吹杨柳的美丽风景。 （设计意图：引导学生合理使用"直线"和"曲线"工具画出家乡的景色。）
评价要点： 1.是否能用"直线"工具画出抱龙河堤。 2.是否能用"曲线"工具画出风吹杨柳的画面。
学科素养点： 1.信息意识：崇尚原创精神，能将创新理念融入学习之中，有自主动手解决问题的意识。 2.数字化学习与创新能力：通过深度学习探究曲线的多种画法，提高数字表现能力和创新能力。在数字化学习环境中主动探索新知识与新技能，设计和创作具有个性化的作品。

所用资源	"曲线工具使用方法"微课。

任务二：几何图形新文登

问题2	如何用几何工具设计建筑？

1.欣赏作品。

师：你们知道这是文登哪个建筑吗？随着城市化进程的不断推进，我们的家乡文登越来越美好，大量新建筑拔地而起。你喜欢哪一个建筑，为什么？想不想为文登设计一种未来建筑？

（设计意图：通过欣赏建筑，学生对建筑设计有了直观印象，提高设计和创作能力。）

2.试一试。

（1）试试设置"轮廓"和"填充"，更改"形状"的轮廓和填充样式，画出不同的效果，思考"轮廓"和"填充"的作用。

轮廓：用来改变形状的（　　）的颜色和样式。

填充：用来改变形状的（　　）颜色和样式。

思考："填充"与"用颜色填充"相比，有哪些优势？

（2）观察基本形状有几种，设计家乡未来的建筑时，可以使用哪些形状画出建筑物的哪一部分。联系画直线的方法，试试画正圆、正方形、正三角形等图形。

（设计意图：通过观察和实践尝试，了解不同的填充效果。通过用形状工具画不同的正多边形，为建筑设计创作奠定基础。）

（3）用多边形工具画图。

参考课本54页内容，试试用多边形工具画图。

画一个多边形，除了回到起点位置单击鼠标，还有什么方法？

（设计意图：学生通过动手实践，了解多边形的画法，提高探究能力。）

3.画一画。用形状工为文登设计新建筑，让我们的文登未来更美。

（设计意图：学生用形状工具绘制建筑效果图，为美丽文登贡献自己的力量。）

评价要点： 1. 学生在绘制建筑效果图时，是否合理使用不同的填充工具。 2. 学生是否合理使用不同的形状工具画图。	
学科素养点： 1. 信息意识：崇尚原创精神，能将创新理念融入学习之中，有自主动手解决问题的意识。 2. 数字化学习与创新能力：学生使用形状工具为家乡设计新建筑，感受数字化工具的表现形式，在自主探究和小组合作的过程中提高数字化学习与创新能力。	
所用资源	特色建筑图片资源

任务三：串串樱桃缀满枝

问题3	如何画出樱桃丰收的画面？

1. 想一想。

师：文登樱桃酸甜可口，备受赞誉，每到樱桃成熟时都有许多游客来到文登参加樱桃节，亲自采摘樱桃，一尝美味。你能用画图软件画出一幅表现我们家乡"串串樱桃缀满枝"的丰收画面吗？

（设计意图：用学生熟悉的家乡特产，激发学生的学习热情。）

2. 试一试。

师：打开文件"樱桃满园"，观察这幅图有什么问题。回忆移动文件的方法，尝试将樱桃移到树枝上。

选樱桃的时候，会把旁边的叶子也选上一部分怎么办？当图形靠得太近时，用矩形选择工具无法完整选取，看看这两种选择工具，你有什么发现？樱桃移到树枝上，背景是白色的怎么办？

自由选择工具适合在（　　　　　）情况下使用。

矩形选择工具适合在（　　　　　）情况下使用。

思考：树上只有少量的樱桃，怎样画出樱桃丰收的喜人画面？

联系复制文件的方法，尝试画出多串樱桃挂满枝头的画面。

思考：怎样快速画出一片樱桃园？

（设计意图：将已学到的知识与经验进行迁移，提高解决问题的能力。）

3. 做一做。

师：同学们对作品已经有了详细的规划，下面就动手画出家乡樱桃丰收的喜人画面吧！

（设计意图：通过创作作品，进一步巩固本课所学——图形的移动和复制，提高创作创新能力。）

评价要点： 1. 能否合理使用选择工具对图形进行选择。 2. 能否熟练使用移动和复制的画图技巧进行作品创作。	
学科素养点： 1. 信息意识：在探究和实践过程中，培养信息意识。 2. 数字化学习与创新能力：回顾文登樱桃节丰收盛景，创作一幅家乡樱桃丰收的图画，提升数字化学习与创新能力。	
所用资源	"樱桃满园"文件资源

续表

任务四：鱼儿嬉戏水中游	
问题4	如何画出姿态各异的鱼？

1. 想一想。

师：在沿海城市长大的我们，经常看到各种各样的鱼，观察右图中的这些鱼的形态，它们有什么不同？

（设计意图：通过创设问题情境，引导学生仔细观察、积极思考。）

2. 试一试。

（1）怎样调整鱼的大小？

方法1：

方法2：

你认为哪种调整图形大小的方法更好？

（2）试试用"水平"扭曲和"垂直"扭曲变出姿态不同的鱼。点击"拉伸和扭曲"，在"水平"和"垂直"项内分别输入数字，鱼会发生什么变化？

观察：当"水平"项内输入正数时向_____方向扭曲，输入负数时向_____方向扭曲。

思考：水平扭曲和垂直扭曲分别改变的是图形的什么？数的大小和扭曲的幅度有什么关系？

（3）旋转的方式有哪些？怎样让鱼向不同的方向游动？试试不同的旋转方式，让鱼向不同的方向游动。

（设计意图：扭曲图形并观察扭曲后的效果，明确数值与扭曲幅度的关系，提高探究能力和分析能力。）

3. 做一做。复制多条鱼，利用调整大小、扭曲等技巧画出姿态不同的鱼，在水里自由自在四处游动。

（设计意图：通过综合运用画图技巧，创作出鱼儿在水中嬉戏的画面，提高创作能力和审美能力。）

评价要点：

1. 是否会调整图形的大小。

2. 是否能通过变形和扭曲，变出姿态不同且美观的图形。

3. 是否能灵活利用旋转方式，创作出生动的电脑绘画作品。

学科素养点：

1. 信息意识：探究拉伸和扭曲图形的方法，提高探究能力和解决问题的能力。

2. 数字化学习与创新能力：在创作作品时，提高数字表现能力和创新能力。在数字化学习环境中主动探索新知识与新技能，设计和创作具有个性化的作品。

所用资源	"鱼"的图片资源

"云支付与网络安全"单元教学案例

单元主题：云支付与网络安全。

教材版本：山东教育出版社。

授课年级：四年级。

单元总课时：6 课时。

一、单元主题解读

（一）教材分析

教材第二册第二单元"互联网与大数据时代"教学内容旨在解决网络怎么用的问题，教师紧扣教材创设单元教学主题"云支付与网络安全"。随着大数据与互联网技术的蓬勃发展，网络支付成为我们常用的支付方式，信息科技学科作为与计算机网络联系最为密切的学科，有必要培养学生安全使用网络的意识。

"云支付与网络安全"包括"网络"与"信息安全"两条主线，是"信息隐私与安全"模块的重要内容，要求学生初步体验使用信息科技手段保管个人信息的优势，认识到信息隐私与安全的重要性；能在日常学习和生活中健康、安全地使用数字设备。

（二）核心素养分析

按照《义务教育信息科技课程标准（2022 年版）》精神，信息科技学科应该重科学、重素养，学科核心素养包括：信息意识、计算思维、数字化学习与创新、信息社会责任。所谓"信息社会责任"是指个体在信息社会中的文化修养、道德规范和行为自律等方面应承担的责任。具备信息社会责任的学生，能理解信息科技给人们学习、生活和工作带来的各种影响，具有自我保护意识和能力；乐于帮助他人开展信息活动，负责任地共享信息和资源，尊重他人的知识产权；能理解网络空间是人们活动空间的有机组成部分，遵照网络法律法规和伦理道德规范使用互联网；能认识到网络空间秩序的重要性，知道自主可控技术对国家安全的重要意义；自觉遵守信息科技领域的价值观念、道德责任和行为准则，形成良好的信息道德品质，不断增强信息社会责任感。

二、单元学习目标

（一）内容分析

在教材中，本单元包括六课，第十一课"网络安全记心中"和第十二课"健康文明地上网"主要内容是：安全用网、绿色上网，让学生了解网络安全常识，从而健康文明地上网。第十三课"走近电子货币"和第十四课"网络支付新时代"主要内容是：认识互联网与大数据。第十五课"网络信息鉴别有方"主要内容是：培养学生的信息鉴别能力。第十六课"文明游戏 健康生活"是本单元最后一课，主要内容是：引导学生正确看待网络游戏，热爱生活。

从单元学情上分析，四年级的学生正处于对互联网兴趣浓厚阶段，网络安全对学生来说有初步的认识，但还是停留在感知阶段，认识不系统、不深刻，云支付手段已经覆盖了生活的方方面面，但学生并不知道云支付背后的电子货币及电子交易原理。所以，在学习这部分内容时，先从学生已有的经验、熟悉的经历入手，再逐步提升认识层面，从个人信息的安全逐步提升到国家层面的网络安全，逐步提升认识，掌握技能，拥有大的网络安全观，并激发同学们自主创新、科技强国的梦想。

（二）学情分析

在学习第一单元之后，学生初步认识了神奇的互联网，会使用浏览器及上网搜索、下载、保存文件，会使用导航系统规划出行路线，会使用社交软件与人交流、记录生活，会使用通信软件联通信息。总之，学生能够用互联网满足基本的生活需求。

而本单元教学重点是网络支付，教学内容包括：认识电子货币，是学习云支付的铺垫内容；我们的网络支付时代，是学习云支付的载体；学会鉴别网络信息，为云支付的安全性提供保障；网络安全记心中，增强防护意识；文明健康上网，提高防范意识；文明游戏，健康生活，正确看待游戏与生活的关系。

（三）目标设定

根据新课标要求，结合学生学情，以单元主题为引领，设定如下单元学习目标：

了解电子货币的种类，了解网络支付方式与流程、存在的问题与解决方法，能意识到互联网大数据时代对生产生活的影响，提升数字化思维方式和信息社会责任素养。

能够鉴别网络信息，了解网络安全知识，对信息进行正确、合理的分析与判断，提高数字素养。

通过实践操作、小组交流等活动正确看待网络游戏，了解传统游戏与电子游戏的区别，树立健康的游戏观。

三、单元学习活动

（一）单元学习规划思路

本单元分为"云支付""网络安全""游戏观"三个子模块，为学生提

供了丰富的学习资源。教师梳理教材内容，围绕单元主题设计了以下六课
（见图 4-3、4-4）：

第一课"走近电子货币"：了解电子货币的种类及产生和发展过程。

第二课"我们的网络支付时代"：体会网络支付的便捷，了解网络支付
的方式和流程，认识网络支付存在的问题，提出建议。

第三课"你会鉴别网络信息吗？"：鉴别信息来源，判断信息价值和信
息时效性。

第四课"网络安全牢记心中"：了解网络犯罪的形式、影响网络安全的
主要因素，提高网络防范意识。

第五课"健康文明上网"：学习青少年网络文明公约，了解部分绿色上
网软件，并学习使用。

第六课"文明游戏 健康生活"：了解传统游戏与电子游戏的区别，搜索
电子游戏给生活带来的影响，在辩论、交谈中形成正确的游戏观。

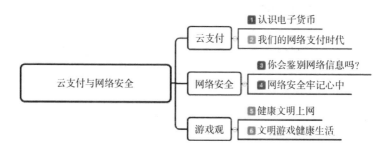

图 4-3　单元主题框架

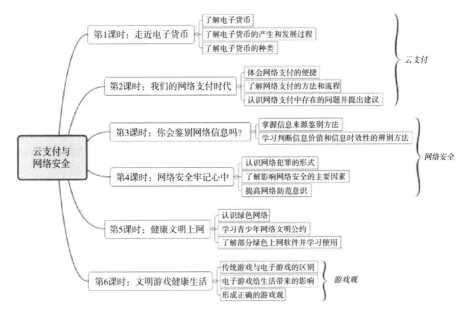

图 4-4　单元学习框架

（二）单元学习规划

表 4-3　"云支付与网络安全"单元学习规划表

课时	学习目标	学习内容	学习活动	学习资源
第1课时"走近电子货币"	1.能够举例说出电子货币在生活中的应用，了解电子货币的种类及其特点、产生和发展，认识电子货币的优缺点 2.在小组合作、自主探究的过程中走近电子货币，使用搜索软件，学会用信息科技解决问题 3.通过与同学交流，总结电子货币的优缺点，学会辩证看待事物，培养严谨的科学精神，提高认知能力	1.举例说出电子货币在日常生活中的应用 2.教师讲解四种常见的电子货币及特点，学生结合实物为电子货币分类，用浏览器搜索电子货币的产生和发展过程相关资料，拓展电子货币的种类。观看视频，直观认识电子货币的优缺点 3.学生搜索与电子货币相关的信息，教师解答疑惑 4.学会辩证地看待电子货币	1.交流、讨论实物分类 2.动手操作	教材、图片、视频、多媒体设备

课时	学习目标	学习内容	学习活动	学习资源
第2课时"我们的网络支付时代"	1.了解网络支付新趋势,了解网络支付的方式和流程 2.能认识到网络支付的利弊,知道网络支付的安全问题及解决方法 3.了解信息的数字化表达形式	1.认识支付宝支付、微信支付、网银支付等支付方式。了解微信付款流程,在家长的陪同下亲自用手机支付的方式付款 2.查找资料,知道网络支付存在的安全隐患,提出自己的建议 3.认真阅读网络支付安全保护措施,提高网络支付安全意识 4.根据思维导图,梳理本节课知识点	1.倾听、思考、观察 2.亲身体验、回顾梳理	图片、视频、教学课件
第3课时"你会鉴别网络信息吗?"	1.通过调查分析,了解"社会角色""个人兴趣""时效性"是判断信息价值的重要因素,能够列举一些需要关注时效性的信息 2.各小组搜索、鉴别网络信息,明确鉴别方法,运用所学鉴别方法验证网络信息鉴别案例 3.观看视频,了解"大数据"概念,列举日常生活中大数据技术的应用场景 4.合理地分析、辨别信息,提高数字素养	1.从"社会角色""个人兴趣""时效性"三个维度判断信息的价值,列举一些需要关注时效性的信息 2.运用多种方法从信息来源、内容等方面准确鉴别信息的真实性 3.列举日常生活中大数据技术的应用场景,提出使用建议	视频学习、实践操作	图片、视频、教学课件、多媒体设备

续表

课时	学习目标	学习内容	学习活动	学习资源
第4课时"网络安全牢记心中"	1. 了解常见的网络安全问题，能对常见的泄露信息行为进行防范，增强网络安全意识 2. 会设置强密码；小组协作，用360卫士等软件修复安全漏洞、杀毒，掌握基础的网络安全防护技能 3. 简单了解《中华人民共和国网络安全法》，提高法律保护意识 4. 认识到操作系统、核心技术国产化的意义，增强爱国意识，激发科技强国的梦想	1. 观看视频，交流分享常见的网络安全问题，辨别常见的泄露信息行为 2. 学习设置强密码 3. 学习用360卫士等软件修复安全漏洞、杀毒 4. 学习《中华人民共和国网络安全法》	自主学习、合作学习、沟通交流	图片、视频、教学课件、多媒体设备
第5课时"健康文明上网"	1. 了解绿色网络的含义，认识到远离网络游戏等不良内容的必要性 2. 认识到健康文明上网的重要性，能够借助格雷盒子进行网址管理、软件管理等 3. 渗透德育教育，从自我做起，利用网络资源自主学习，提高自身素养，培养团结互助、共同进步的协作习惯	1. 阅读学习资料，了解绿色网络的含义 2. 学习使用格雷盒子管理网址和软件 3. 积极参与小组交流，提出自己的意见 4. 通过观看视频、交流分享，认识到健康文明上网的重要性	学习材料、小组交流、讨论分享	图片、多媒体设备
第6课时"文明游戏健康生活"	1. 了解传统游戏与电子游戏的区别，树立健康的游戏观 2. 认识到网络游戏的利弊 3. 了解游戏的发展趋势，培养数字化创新意识 4. 能合理控制游戏时间，不沉迷于网络游戏	1. 列举自己玩过的游戏，并对传统游戏和电子游戏进行分类 2. 查找网络资料，讨论总结玩游戏的注意事项，如规则、时间、安全等，做到文明游戏、健康生活	交流互动、体验游戏、辩论、观看学习材料	教学课件、多媒体设备

四、单元评价

针对各课时学习目标，设计以下评价方案（见表4-4）：

表4-4 持续性评价设计表

序号	评价目标	评价任务	评价标准	评价方式
第1课	1. 在"议一议"等活动中，举例说出电子货币在日常生活中的应用 2. 通过观看视频直观了解电子货币的优缺点 3. 在"活动一""活动二"中，搜索电子货币相关知识，解答疑惑 4. 学会辩证地看待电子货币的作用	1. 在你的身边电子货币有哪些应用呢 2. 除了这几种常见的电子货币类型，还有哪些呢 3. 电子货币有哪些优缺点呢 4. 教师有意识地向学生渗透辩证唯物主义思想	1. 能否说出电子货币在生活中的应用 2. 能否借助互联网查找电子货币的产生与发展过程资料 3. 能否搜索电子货币的类型 4. 是否正确认识电子货币的作用	课堂观察、自主学习任务单、小组合作学习任务单、提问、展示评价
第2课	1. 通过学习资料了解网络支付成为新趋势，了解网络支付的方式和流程 2. 通过案例分享认识到网络支付有利有弊，了解网络支付的安全问题及解决方法 3. 通过自主学习、合作学习、网络搜索了解信息科技在日常生活中的应用，适应信息的数字化表达形式	1. 了解网络支付有支付宝支付、微信支付、网银支付等支付方式 2. 了解网络支付存在的安全隐患 3. 学习网络支付安全保护措施，提高网络支付安全意识 4. 交流网络支付的弊端，提出自己的建议	1. 是否掌握网络支付方式和流程 2. 是否能意识到网络支付存在一定安全隐患 3. 能否找到平衡网络支付利弊的方法 4. 是否能体会到数字化表达的便捷	学习任务单、提问、汇报交流
第3课	1. 能够说出"社会角色""个人兴趣""时效性"是判断信息价值的重要因素，能够列举一些需要关注时效性的信息 2. 运用多种方法从信息来源、内容等方面准确鉴别信息的真实性 3. 列举日常生活中大数据技术的应用场景，提出使用建议	1. 了解信息的价值取决于什么 2. 阅读信息，讨论信息的真假，选择合适的方式进行验证，并填写记录单 3. 分析生活情境，观察图片并进行讨论，关注信息的时效性	1. 是否会判断信息真假 2. 是否初步了解大数据技术，及大数据技术的发展趋势	交流分享、学习记录单、提问

序号	评价目标	评价任务	评价标准	评价方式
第 4 课	1. 了解生活中常见的网络安全问题，能对常见的泄露信息行为进行防范，增强网络安全意识 2. 会设置强密码；小组协作，用 360 卫士等软件修复安全漏洞、杀毒，掌握基础的网络安全防护技能 3. 简单了解《中华人民共和国网络安全法》，提高法律保护意识 4. 认识到操作系统、核心技术国产化的意义，增强爱国意识，激发科技强国的梦想	1. 观看视频，体会设置密码的重要性 2. 设置你认为安全的密码 3. 找出网络安全问题产生的原因 4. 使用 360 安全卫士杀毒。交流自主可控技术对国家安全的影响	1. 是否具有初步的网络安全意识 2. 是否会设置安全的网络密码 3. 是否会使用网络杀毒软件修复漏洞、杀毒 4. 是否意识到自主可控技术对国家安全的影响	交流提问、自主操作、展示评价
第 5 课	1. 通过填写问卷、观看案例等方式了解什么是绿色网络。能借助格雷盒子管理网址、软件等 2. 增强操作能力，认识到网络对学习的有利之处 3. 提高自主学习能力，培养信息社会责任感	1. 填写《小学生健康上网情况调查问卷》 2. 如何健康文明地上网，确实需要探讨。请结合调查问卷和案例讨论 3. 了解"绿色上网"的含义。用格雷盒子管理自己的电脑	1. 是否认识到不健康上网的害处 2. 是否会利用网络解决学习中遇到的问题 3. 是否自觉利用绿色上网软件控制自己的上网行为	网络调查问卷、动手操作、提问交流
第 6 课	1. 能列举自己玩过的游戏，并对传统游戏和电子游戏进行分类 2. 了解游戏注意事项，如规则、时间、安全等 3. 合理控制游戏时间，不沉迷网络游戏，做到文明游戏、健康生活	1. 为自己玩过的游分类，区分传统游戏和电子游戏 2. 与同学一起玩简单的传统游戏，你觉得应该注意什么？玩电子游戏应该注意什么 3. 辩论：传统游戏和电子游戏的利与弊。填写调查问卷 4. 观看视频，了解 VR 和 AR 技术	1. 是否能体会到玩传统游戏和电子游戏的乐趣 2. 能否说出传统游戏和电子游戏的优缺点 3. 是否形成了正确的游戏观 4. 是否初步了解了 VR 和 AR 技术	问卷调查、交流分享、游戏体验

五、教学片段

第 3 课时：你会鉴别网络信息吗?		
学习目标	1. 通过调查分析，了解"社会角色""个人兴趣""时效性"是判断信息价值的重要因素，能够列举一些需要关注时效性的信息。 2. 各小组搜索、鉴别网络信息，明确鉴别方法，运用所学鉴别方法分析网络信息鉴别案例。 3. 观看视频，了解"大数据"概念，列举日常生活中大数据技术的应用场景。 4. 合理地分析、辨别信息，提高数字素养。	
教学环节	学习活动	评价要点
课前交流	情境：设置不同的字体颜色，搭配不同的背景颜色。教师提问，学生抢答。 问题：你看到的字是什么颜色的? 师引导：这个小游戏让你有什么收获? ——眼见不一定为实，眼和脑结合才能对事物做出正确判断。	学生是否全身心投入体验活动、是否具有辨别信息的意识
选择交流：感知信息价值	情境：在网络时代，海量信息涌入生活的方方面面。 问题：1. 如下这组信息，你会选择浏览哪一条? 为什么? （课件略） 2. 降温、降雨或降雪预报发布后，人们会有什么反应? 通过以上交流活动，了解信息的价值取决于哪些主要因素。 师引导：信息被点击浏览后就有了价值。"社会角色""个人兴趣""时效性"是判断信息价值的重要因素。	学生是否意识到：符合个人兴趣爱好和社会角色的信息才是有价值的
鉴别分析：判断信息真假	情境：网络信息辨真假。 1. 教师出示上一环节中学生感兴趣的信息。学生阅读信息，判断信息真假，小组讨论、验证，并填写记录单。 2. 借助板书回顾本环节收获，运用整理出来的鉴别策略分析案例。 师引导：我们如何判断信息真假呢? （验证信息来源、信息内容，求证权威，多渠道、同类对比，推理分析……）	学生是否会判断信息真假
情境交流：了解信息时效	情境：小明妈妈在微信朋友圈看到超市打折的信息（课件出示图片），连忙去超市大采购，却在结账时被告知不能享受打折优惠，这是为什么? 1. 学生分析生活情境，观察图片，围绕疑点讨论，关注信息的时效性。 2. 分享一些生活中需要关注时效性的信息。 师引导：肯定学生的鉴别意识，排除学生的不实信息猜测，引导学生关注图片上的时间。	学生是否会判断信息真假

续表

教学环节	学习活动	评价要点
知识拓展：了解大数据技术	情境：观看视频，了解大数据技术。 学生观看视频《足球运动员的选拔与训练》，初步了解大数据技术的应用及发展趋势。	学生是否对大数据技术有一定了解
回顾所学	情境：回顾本节知识。 师引导：在信息时代，假新闻和网络谣言不可避免。我们只有掌握一些鉴别技巧，才能从容地处理和利用信息，方便我们的生活。	学生是否能简单梳理本节课所学内容，是否能对信息的真伪、时效做出理性判断
板书设计	网络信息鉴别有方 信息价值　信息来源　信息时效 兴趣爱好　求证权威 社会角色　同类对比 推理分析 多渠道	

六、单元作业

（一）单元作业简介

近年来，我国互联网产业呈现蓬勃发展态势，移动支付走进了生活的方方面面。小学生作为数字时代"原住民"，无时无刻不在接触互联网。

本单元作业设计的主旨是，通过开展一系列活动，学生对大数据时代有一定了解，明确互联网对日常生活产生的影响，培养正确的网络观、游戏观。

（二）单元作业思维导图

具体内容参见图 4-5 至图 4-11。

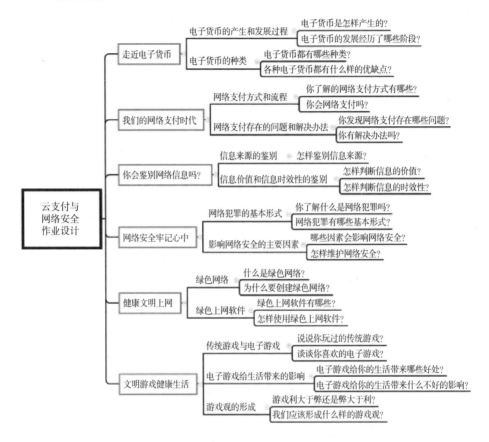

图 4-5　单元作业设计思维导图

图 4-6　"走近电子货币"作业设计

图 4-7 "我们的网络支付时代"作业设计

图 4-8 "你会鉴别网络信息吗?"作业设计

图 4-9 "网络安全牢记心中"作业设计

图 4-10 "健康文明上网"作业设计

图 4-11 "文明游戏 健康生活"作业设计

（三）单元作业解析

1. 课标解读

第 2 单元"互联网与大数据时代"的单元主题是"云支付与网络安全"，单元核心问题是"如何合理使用网络"。通过本单元的学习，学生初步了解了互联网及相关新技术的本质，可利用互联网解决学习和生活中的各种问题，增强了自觉维护网络安全与秩序的意识，提升了数据安全意识。

本单元作业立足教材进行设计，考查课堂教学中是否有效落实学科核心素养。

2. 学情分析

经过上一单元的学习，学生对互联网有了基本认识，会使用浏览器搜索并下载对自己有用的信息，会使用导航系统规划出行方案，会使用社交软件与人沟通、记录生活，会使用通信软件联通信息。在本单元，学生将学习网络安全与绿色上网，以及正确看待互联网与大数据。

3. 单元作业目标

了解电子货币的种类、网络支付方式与流程、大数据技术对生产生活的影响，提升数字化思维方式和信息社会责任素养。

通过鉴别网络信息和学习材料，掌握辨别信息真伪的方法，提升网络安全意识及数字素养与技能。

通过实践操作、小组交流等活动，区分传统游戏与电子游戏，树立健康的游戏观。

（四）作业设计

任务一：我身边的云支付	
问题	你了解电子货币与网络支付吗？
1. 观察图片。 （1）图中展示的是哪种付款方式？你还知道哪些付款方式？ （2）你能说出下列电子货币的类型吗？ 	

续表

（设计意图：学生观察图片，说出生活中常见的电子支付的类型，加深对电子货币的了解。）

2.议一议。

（1）电子货币影响着生活的方方面面，你知道电子货币是怎样产生的吗？

（2）电子货币的产生和发展经历了哪些阶段？

_____→_____→_____→_____→_____

（设计意图：查找资料了解电子货币的产生和发展阶段，体会货币形态与社会发展之间的密切关联。）

3.试一试。和爸爸妈妈一起去超市，在爸爸妈妈的指导下体验手机支付。

（设计意图：经历手机支付的全过程，感受手机支付的便捷。同时，家长的指导，确保了手机支付的安全性。）

4.填一填。

（1）结合自己的支付经历，总结手机支付的关键步骤：

第一步：_____

第二步：_____

第三步：_____

第__步：_____

（2）任何事物都具有两面性，电子货币也是如此。试着在下表中填写电子货币的优点和缺点。

优点	缺点

（设计意图：通过回顾支付经历，填写支付步骤，加深印象。分析电子货币的优缺点，认识到事物具有两面性，提升信息辨别能力。）

评价要点：

1.能否举例说出电子货币在日常生活中的应用。

2.能否用浏览器搜索、探究电子货币的产生及发展历程。

3.能否拓展电子货币类型。

4.是否了解手机支付已成为新趋势，是否了解手机支付的方法和流程。

5.是否认识到手机支付有利有弊，以及手机支付存在的安全问题及解决方法。

续表

学科素养点：
信息意识：认识互联网对社会发展的影响，善于使用信息科技解决生活中的问题，培养信息意识。 信息社会责任：提高安全意识，了解手机支付的优缺点，培养正确的消费观。

所用资源	互联网资源

任务二：鉴别网络信息

问题	怎样鉴别网络信息？

1.案例分析。

不法分子在某些网站和手机客户端发布广告，声称"央行首发""中国人民银行监制"，涉及商品包括：开国大典纪念币、大国崛起纪念币、荣耀中华金银币等，有群众被蒙骗信以为真，遭受了经济损失。

（1）分析这一案例，你有什么想说的？

（2）生活中，看到此类信息，你怎样辨别真伪？

（设计意图：通过案例分析，学生意识到信息有真伪，看到信息要加以辨别，提高信息安全意识。）

2.议一议。

（1）鉴别信息真假，你有什么妙招？

妙招1：＿＿＿＿＿＿＿＿＿＿＿＿＿

妙招2：＿＿＿＿＿＿＿＿＿＿＿＿＿

妙招3：＿＿＿＿＿＿＿＿＿＿＿＿＿

（2）信息的价值具有多样性，除了真实性、时效性，还受社会角色、个人喜好等因素影响。说说下列哪条信息对你有价值。

序号	信息	是否有价值
1	北京新房均价四万八千一平。	
2	育才小学4月份举行了春季运动会。	
3	未来一周我市将迎来强降雨。	
4	2022年新课标出台，信息科技正式更名为信息科技，成为一门国家课程。	

（3）下面哪一条信息更有价值？为什么？

> 信息1：明天天气多云转阴，气温18~25°，南风4~5级，空气质量状况：优。
>
> 信息2：昨天天气阴有小雨，气温14~19°，南风3~4级，空气质量状况：优。

针对以上判断，说明信息具有＿＿＿＿＿＿＿性。

（设计意图：通过小组交流，分享信息鉴别方法，提高信息鉴别能力。分析哪些信息对自己有价值，明确影响信息价值的几个重要因素，体会信息具有时效性。）

3. 做一做。上网搜索大数据技术相关信息，与同学分享交流。

◇什么是大数据技术?

_____

◇大数据技术在生活中有哪些应用?

	应用场景	应用效果
应用1		
应用2		

（设计意图：上网查找资料，自学大数据相关知识，了解信息社会中大数据技术的应用及产生的社会效益、经济效益。）

4. 我的畅想。我认为，未来社会中，人们将会利用大数据实现_____。

（设计意图：在对大数据技术有一定了解后，畅想未来大数据还可以有哪些重要应用，如何更好地服务于社会，培养学生的想象能力。）

评价要点：

1. 能否说出社会角色、个人兴趣、时效性是信息价值判断的重要因素；能否列举一些需要关注时效性的信息。

2. 能否从信息来源及内容等方面准确鉴别信息真假；掌握多种网络信息鉴别方法。

3. 能否列举出大数据技术在生活中的应用，提出大数据技术应用的愿望。

学科素养点：

信息意识和信息社会责任：了解互联网对社会发展的影响，善于使用信息科技解决生活中的问题，提高信息安全防范意识。

所用资源	互联网资源

任务三：维护网络安全

问题	怎样维护网络安全?

1. 说一说。

随着互联网的发展，网络犯罪悄然走进我们的生活，成为一种新型犯罪形式，网络犯罪隐匿性强、具有很强虚拟性，你了解的网络犯罪形式有哪些? 请举例说明。

_____

你认为应该如何防范网络犯罪?

网络安全方面：_____

意识安全方面：_____

（设计意图：了解网络犯罪的多种形式，交流预防网络犯罪的方法并进行归纳分类，为预防网络犯罪做好心理准备和条件准备。）

续表

2. 做一做。

（1）优化电脑性能，防止电脑被攻击，是预防黑客攻击和病毒攻击的有效方法。试一试下载并安装"360安全卫士"或"腾讯电脑管家"等电脑杀毒软件，体验"全面体检""一键修复""闪电杀毒"功能。

360安全卫士下载网址：https://www.360.cn/

腾讯电脑管家下载网址：https://guanjia.qq.com/sem/gj/index.html？ ADTAG=media.buy.baidu.sembrand20

（2）密码可以保护网络信息的安全，上网搜索"什么样的密码更安全？"，将有效信息记录下来。

（3）交流：你的QQ密码安全吗？试着将你的密码修改成强密码。

（4）上网搜索《中华人民共和国网络安全法》，并浏览学习。

（设计意图：本环节是实操环节，学生自主安装、使用杀毒软件，为电脑体检；学习设置强密码，提高密码安全性；学习《中华人民共和国网络安全法》，进一步增强网络安全意识，提高信息社会责任素养。）

3. 拓展学习。

（1）网络安全是国家安全的重要组成部分。我们国家的网络环境安全吗？怎样让网络环境更加安全可靠？

（2）了解自主可控技术对国家安全的影响。

（设计意图：为学生提供学习支架，让学生拓展了解国家网络安全和自主可控技术的重要性，对国家网络安全有基本认识，增强文化自信。）

评价要点：

1. 能否通过观看视频资料，了解生活中常见的网络安全问题，对泄露信息行为进行防范。

2. 能否设置强密码；能不能用360卫士进行漏洞修复、杀毒等操作，掌握网络防护基础技能。

3. 是否对《中华人民共和国网络安全法》有所了解，具备法律保护意识。

4. 是否意识到操作系统、核心技术自主可控的重要意义。

学科素养点： 信息意识和社会责任：在各种在线活动中，认识到个人信息安全的重要性；知道常用的信息保护方法，主动保护个人信息；了解威胁数据安全的因素，有意识地保护数据，遵守相关法律法规。 数字化创新：认识到原始创新对国家可持续发展的重要性。	
所用资源	360 安全卫士官网、腾讯电脑管家官网、百度百科等
任务四：树立正确的游戏观	
问题	你真的"会上网"吗？

1. 材料分析。

2013 年，国家互联网信息办、教育部、共青团中央、全国妇联等四部门部署开展绿色网络行动，这项行动旨在加大网上不良信息清理力度，使网上环境进一步净化、网上面貌进一步改观，为青少年提供绿色健康、积极向上的网络空间。

思考：你知道什么是绿色网络吗？

（设计意图：通过阅读材料，了解国家绿色网络行动，引出"绿色网络"概念。）

2. 查一查。

（1）上网搜索：什么是绿色网络？

（2）上网搜索：怎样打造绿色网络？

（设计意图：为学生提供学习支架，帮助学生了解何为绿色网络、怎样打造绿色网络，提高学生的网络安全意识。）

3. 做一做。

（1）打造绿色网络，需从规范自身上网行为做起。试着下载绿色上网软件"绿色上网管家"或"格雷盒子"。

温馨提示：下载软件一定要到官方网站或正规网站下载哦，避免下载病毒到本地威胁电脑安全。

（2）下载后双击安装并运行，管理自己的电脑，自觉规范上网行为。

（3）回顾总结，你是怎样利用绿色上网软件管理电脑的？

网址管理：_____

软件管理：_____

时间管理：_____

（设计意图：学习从官方网站或正规网站下载、安装绿色上网软件；熟悉软件的使用方法，进一步规范自己的上网行为。）

4.说一说。作为小学生，你应该怎样健康文明地上网？

（设计意图：巩固学习成果，牢记健康上网，为维护绿色网络做出应有贡献。）

评价要点：

1.学生是否了解什么是绿色网络，能否借助格雷盒子进行网址、软件管理。

2.学生是否认识到远离不良网络信息的必要性。

学科素养点：

信息意识和社会责任：认识到互联网对社会发展的影响，善于使用信息科技解决生活中的问题。

所用资源	互联网资源

任务五：文明游戏	
问题	我们应该怎样看待游戏？

1.说一说。

（1）观察下列图片（出示课件），你还玩过哪些类似的游戏？

我还玩过：_____

我还玩过：_____

（2）这两类游戏有什么区别？按照你的标准试着给游戏分类。

分类	定义
传统游戏	
电子游戏	

（3）思考：游戏有哪些优点和缺点？

类别	优点	缺点
传统游戏		
电子游戏		

（设计意图：用图片提示唤醒学生关于游戏的记忆，通过交流学生玩过的游戏增加学习体验感，引出作业内容。在交流中对游戏进行分类和分析，提高归纳总结能力。） 2.辩一辩。有的同学说玩电子游戏耽误学习、影响健康，有的同学说玩电子游戏能减轻压力，促进智力发展。你赞成哪个观点？和你的同伴展开一场辩论赛吧！ （设计意图：用辩论的形式引出学生的观点，最终树立正确的游戏观。） 3.议一议。经过刚才的辩论，相信你对游戏有了深层次的认识，你认为青少年应该如何对待电子游戏？ （设计意图：通过讨论促进学生的深入思考，培养学生辩证看待问题的能力。） 4.查一查。 （1）上网搜索：电子游戏发展史。 _____阶段_____阶段_____阶段_____阶段
（2）搜集资料：电子游戏的发展趋势。 VR（虚拟现实）/AR（增强现实） （设计意图：借助互联网资源丰富知识储备，拓宽视野，了解电子游戏的发展趋势，适应互联网时代的发展。）
评价要点： 1.学生能否列举玩过的游戏，并对传统游戏和电子游戏进行分类。 2.学生能否通过游戏体验了解玩游戏的注意事项，如规则、时间、安全等问题，做到文明游戏。 3.学生能否通过辩论赛、真心话大冒险、观看沉迷游戏案例，学会合理控制游戏时间，不沉迷于网络游戏，做到文明游戏、健康生活。
学科素养点： 能在教师的指导下安全文明地使用互联网，培养信息科技核心素养。

所用资源	互联网资源

"网上领略魅力威海"单元教学案例

单元主题:网上领略魅力威海。

教材版本:山东教育出版社 2018 版。

授课年级:四年级。

单元总课时:7 课时。

一、单元主题解读

(一)教材分析

教材第二册第一单元"神奇的互联网"包括十课:探索网络世界、网络大寻宝、目的地导航、友谊天长地久、每时每刻乐在分享、做个小小五岳宣传者、聪明的邮箱小管家、留住记忆 畅享沟通、让分享更精彩、分享 & 创意无限。

教师设定单元主题"网上领略魅力威海",包括以下主题情境:魅力威海任我游览、绚烂华夏城我攻略、旖旎西霞口我规划、仙境刘公岛 Q 给你、灵动无染寺来定格、如醉如痴美丽印记、如诗如画山水 E-mail。

(二)核心素养分析

《义务教育信息科技课程标准(2022 年版)》中与互联网应用相关的要求有:具有一定的信息感知力,熟悉信息及其呈现与传递方式,善于利用信息科技交流和分享信息、开展协同创新;能根据解决问题的需要,评估数据来源,辨别数据的可靠性和时效性,具有较强的数据安全意识;能根据学习需求,利用信息科技获取、加工、管理、评价、交流学习资源,开展自主学习和合作探究;在日常学习与生活中,具有创新创造活力,能积极主动运用信息科技高效地解决问题，并进行创新活动。新课标要求：具备信息社会责任的学生，能理解信息科技给人们学习、生活和工作带来的各种影响，具有自我保护意识和能力；乐于帮助他人开展信息活动，负责任地共享信息和资源，尊重他人的知识产权；能理解网络空间是人们活动空间的有机组成部分，遵照网络法律法规和伦理道德规范使用互联网；能认识到网络空间秩序的重要性，知道自主可控技术对国家安全的重要意义。

通过学习本单元，学生了解了互联网的一些神奇功能，学会上网搜索信息，学会在地图上查找目的地，等等。同时，学生也增进了对家乡威海的了解，对威海的风景名胜、历史文化了如指掌，能够在社交软件上分享自己的见闻，培养爱家乡、爱自然的思想感情。

信息科技课程倡导真实性学习，培养学生的创新力、学习力和迁移力。本单元将信息科技教学内容与学生现实生活相联系，激发学生对家乡和大自然美景的热爱之情。

二、单元学习目标

（一）内容分析

本单元是小学信息科技第二册第一单元，在我区是四年级下学期的学习内容。教师重新规划本单元内容，创设与学生实际生活紧密联系的主题情境，引导学生探究互联网应用，进行深度学习。

（二）学情分析

学生初步掌握计算机的基本操作技巧，具备一定自主学习和动手操作能力，对互联网非常感兴趣，但对如何使用互联网解决实际问题还比较陌生。

本单元重点培养学生的自主探究能力、解决问题能力、数字化合作与创新能力。教师将教学内容与学生的现实生活相联系，对学生的学习有很大帮助。

教师运用模拟、仿真、演示等数字化手段，创设教学情境，以便于学生进行探究性学习。

（三）目标设定

了解互联网知识并探索互联网在日常生活中的应用，能使用浏览器浏览网页并搜集有效信息，初步培养信息意识。

能够使用关键词、分类等方法搜索资料。

掌握文字、图片、音视频资料的搜索、保存方法。

学会使用网络地图搜索目的地，选择最佳路线。

学会使用即时通信软件 QQ。

学会用手机拍照、用图片处理软件简单处理照片。

掌握视频编辑软件的使用方法，制作电子相册。

掌握收发电子邮件的方法。

合理使用互联网工具，让生活更加便利。

能利用简单的数字化工具，大胆尝试，积极探究，完成信息加工任务，并在作品中初步展示个人观点，进行知识分享。

三、单元学习活动

（一）单元学习规划思路

近年来，威海市以"威海要向精致城市方向发展"为总目标，推进精致城市建设，开创"精致城市·幸福威海"新局面。本单元教学以精致威海为情境，激发学生对家乡的热爱，使学生深切感受到信息科技在现实生活中的作用，提高学生信息加工和应用的能力，学会利用信息科技工具表现家乡之美。

本单元主题为"网上领略魅力威海",包括以下几课:

第一课"魅力威海任我游览"设计思路:在课堂导入环节,教师提问:"如何足不出户就能欣赏到威海美景?"从而引出浏览器。接下来,介绍打开浏览器的多种方法,浏览器窗口的组成部分及功能;以"百度"为例,介绍网址及网址的作用,让学生尝试打开更多的网站,熟悉浏览器的相关操作,分析网址的特点;掌握网络搜索技巧,使用百度等搜索引擎查找威海景点的相关信息,收藏自己喜欢的网页;开展小组竞赛,学生用本组搜集的信息介绍威海某景点,分享信息搜索技巧、网址收藏方法。

第二课"绚烂华夏城我攻略"设计思路:欣赏威海华夏城美图,领略家乡风光,做一个旅游规划。首先,展示本节课需要用到的文字和图片。然后,搜索华夏城相关资料,选择合适的内容保存,不能复制的文字可用搜狗输入法语音输入,注意尊重他人的知识产权;搜索华夏城相关图片,分析图片下载方法;展示、评价学生作品,让学生感受到互联网的便捷,培养学生筛选、保存信息的能力。

第三课"旖旎西霞口我规划"设计思路:在网络地图搜索框中,输入目的地关键词进行搜索。学生以小组为单位,结合不同交通工具的特点,根据实际情况规划出行路线,并说出各条路线的区别。学生通过"路况"功能查看实时交通状况,使用"测距"和"标记"功能制订详细的路线图,最后用"分享"功能将地图信息发送给他人。

第四课"仙境刘公岛Q给你"设计思路:在生活中,除了电话,我们还可以通过网络与他人即时交流。网络即时通信工具很多,常用的有QQ、微信、钉钉等,使用方法大同小异。本节课主要介绍QQ的使用方法。首先,学生申请QQ号,添加同桌及小组其他成员为好友。其次,和同桌通过QQ就自己在网上搜索到的刘公岛的故事及图片进行交流。除了文字交流,还可以视频通话,教师用希沃手机助手给学生演示视频通话的方法。

第五课"灵动无染寺来定格"设计思路:这节课的主要内容是手机摄影及图片处理。教师首先展示两组图片,让学生找出图片的不足,指出采光和聚焦是手机拍摄的基本技巧，讲解美图软件的磨皮、瘦身等功能。学生通过自主探究、小组合作等方式，学习简单处理人物照片。

第六课"如醉如痴美丽印记"设计思路：本课主要内容是制作电子相册。教师先出示一本旧相册，提问：由于年代久远，相册老旧破损，有什么办法能长久保存相册呢？答案是：制作电子相册。打开"剪映"操作界面，添加图片、音乐、边框，将图片、文字、音频等素材组织在一起，完整地表述一个主题。最后是优秀作品分享环节，学生介绍自己制作电子相册的过程，为其他同学提供一定借鉴。

第七课"如诗如画山水 E-mail"设计思路：本课主要内容是电子邮箱的作用及用法。联系传统邮政信件介绍电子邮件，讨论一封电子邮件所需内容，了解电子邮箱地址的组成，图片展示电子邮件的传送过程。学生将照片等资料通过附件发送给好友，掌握收发电子邮件的方法；观察邮箱里的邮件，分析哪些是有用的，小组合作选出有用邮件，删除不需要的，提高信息安全意识。

（二）单元学习规划设计

表 4-5 "网上领略魅力威海"单元学习规划设计表

课时	学习目标	学习内容	学习活动	学习资源
第1课"魅力威海任我游览"	1. 了解网络浏览器的作用 2. 学会网址的使用方法 3. 学会用搜索引擎搜索信息（文字搜索、图片搜索） 4. 学会使用收藏夹	浏览器、网址、网页的使用方法	欣赏魅力威海的优美风光，用搜索引擎搜索相关信息，初步养成信息意识	威海美景图片
第2课"绚烂华夏城我攻略"	1. 学会下载文字 2. 学会用搜狗输入法将声音转为文字 3. 学会保存图片	文字下载、图片保存	下载华夏城相关文字和图片资料，培养学生利用互联网搜集、保存素材的能力	华夏城旅游攻略
第3课"旖旎西霞口我规划"	1. 学会在网络地图上搜索目的地 2. 学会规划出行路线 3. 学会查看实时路况 4. 了解分享路线的方法	网络地图的使用方法	集体讨论，任务驱动，学会使用网络地图查找目的地并合理规划路线	西霞口图片

续表

课时	学习目标	学习内容	学习活动	学习资源
第4课"仙境刘公岛Q给你"	1. 学会添加QQ好友 2. 学会和好友网上交流 3. 学会给好友发送文件 4. 了解视频通话的方法	QQ的使用	1. 通过分享照片，与好友进行文字、视频等互动，逐步适应数字化交流方式 2. 通过分享资源等实践活动，学会利用信息科技工具与他人合作	刘公岛文字介绍、照片资料
第5课"灵动无染寺来定格"	1. 能够用手机拍出清晰的照片 2. 能够使用美图秀秀对图片进行美化	图像处理软件的使用	1. 通过实例熟悉"美图秀秀"的构成及其功能 2. 能合理对图片进行美化、修饰	无染寺图片
第6课"如醉如痴美丽印记"	1. 了解剪映的界面和功能 2. 学会添加图片、音乐 3. 学会增加文字、装饰及转场 4. 学会分享视频	视频编辑软件的使用方法	1. 通过实例熟悉剪映的界面和功能 2. 观看微视频，学习制作电子相册	旅游照片
第7课"如诗如画山水E-mail"	1. 了解电子邮箱的作用 2. 学会收发电子邮件 3. 管理邮件，删除不需要的邮件	电子邮箱的使用方法	1. 观察邮箱界面，讨论如何收发电子邮件 2. 辨别垃圾邮件，提高防范意识	自己之前的作品

四、单元评价

针对各课时主题，设定如下评价方案（见表4-6）。

表4-6 持续性评价方案设计

课时	评价目标	评价任务	评价标准	评价方式
第1课"魅力威海任我游览"	1. 会用网址打开相应网站 2. 学会用搜索引擎搜索信息（利用文字搜索、利用图片搜索） 3. 学会使用收藏夹	1. 打开百度网站 2. 用浏览器搜索威海的美丽景点 3. 将自己喜欢的网页进行收藏	1. 能否用网址www.baidu.com打开百度网页 2. 能否灵活使用搜索关键字、搜索图等方法收集威海景点信息 3. 能否将网页添加到收藏夹	课堂观察、展示交流

续表

课时	评价目标	评价任务	评价标准	评价方式
第2课"绚烂华夏城我攻略"	1.学会下载文字 2.学会用搜狗输入法将声音转为文字 3.学会保存图片	1.将文字复制到写字板中 2.将无法直接复制的文字,用搜狗输入法语音输入到写字板中 3.将图片下载到文件夹中,并复制到写字板中	能否根据需要下载合适的文字和图片,并制作成旅游攻略	小组合作、课堂观察、作品展示和评价
第3课"旖旎西霞口我规划"	1.学会在网络地图上搜索目的地 2.学会规划出行路线 3.学会查看实时路况 4.了解分享路线的方法	1.能够利用百度地图规划出行路线 2.实时查看路况,选择最佳路线 3.将地图分享给同样需要的人	能否合理规划、选择路线	课堂观察、小组合作、作品展示和评价
第4课"仙境刘公岛Q给你"	1.学会添加QQ好友 2.学会和好友网上交流 3.学会给好友发送文件 4.学会视频通话	1.将本小组成员添加为QQ好友 2.和同桌通过QQ交流自己在网上搜索到的有关刘公岛的故事及图片 3.能够和小组成员视频通话	能否通过QQ与他人交流	课堂观察、作品展示和评价
第5课"灵动无染寺来定格"	1.能够用手机拍出清晰的照片 2.能够使用美图秀秀对图片进行美化	1.用手机拍出清晰好看的照片 2.对照片进行处理	能否用手机拍出清晰的照片并用对图片进行简单美化处理	课堂观察、小组合作、作品展示和评价
第6课"如醉如痴美丽印记"	1.了解剪映的界面和功能 2.学会添加图片、音乐 3.学会增加文字、装饰及转场 4.学会分享视频	1.将图片、音乐等素材添加到剪映中 2.对素材进行编辑,增加文字、装饰及转场等 3.分享自己的作品	能否用视频编辑工具制作一个电子相册	课堂观察、小组合作、作品展示和评价
第7课"如诗如画山水E-mail"	1.了解电子邮箱的作用 2.学会收发电子邮件 3.管理邮件,删除不需要的邮件	发送电子邮件;接收电子邮件;删除垃圾邮件	能否用电子邮件与他人交流	课堂观察、作品展示和评价

五、教师反思

（一）设定主题，激发学生探究兴趣

教师以"网上领略魅力威海"作为单元主题，将教学内容与学生实际生活相融合，能够极大地激发学生的探究欲望，提高学生的学习积极性和主动性。如通过制作华夏城旅游攻略，学生掌握了文字和图片的下载方法；通过规划刘公岛旅游路线，掌握了网络地图的使用方法。当学生能将所学知识应用于解决生活实际问题时，会觉得所学的知识是有用的，从而更加热爱学习。

（二）问题引领，促进学生深度学习

深度学习要求学生运用高阶思维，积极围绕具有挑战性的学习主题，经历探索、反思、迁移、创新等过程。而问题是一切探究的出发点，是开启学生智慧之门的钥匙。在本节课中，教师深入分析教材，精心设计核心问题和衍生问题，设计单元学习活动，以激发学生学习的内驱力。

例如，第四课"仙境刘公岛 Q 给你"，问题设计由浅入深、环环相扣。学生不知道刘公岛在哪里，教师设问让学生想出解决方法，很多学生都能想到用百度地图导航，因为在生活中我们经常用到网络地图。然后设问：怎样用网络地图搜索目的地？学生积极思考，动手操作。这时学生发现，地图上出现好多标记，路线有很多条。这又是为什么呢？学生的思维"活"了起来。路线这么多，应该选择哪一条呢？最后，学生结合实际情况，根据不同的出行方式规划路线，同时还要查看实时路况。

就这样，一个问题刚有了答案，又产生了新的问题，层层深入，学生在解决问题的过程中学到了新知，实现了深度学习。

（三）合作学习，培养学生综合素质

在实际教学中，我们不仅注重传授学科知识，还注重培养学生综合素

质。当教学环节出现具有一定难度的任务时，教师会让学生以同桌合作、小组合作的方式去攻克难题。小组讨论为学生提供了思维碰撞的机会；小组评价促进了小组内的合作和交流，间接提高了合作学习效果。

（四）总结反思，发展核心素养

学生在深度学习过程中，唯有不断反思、及时总结，才能深刻理解所学内容，达成学习目标，发展核心素养。

六、教学片段

第 3 课时：旖旎西霞口我规划		
学习目标	1. 了解网络地图的作用，学会用网络地图规划出行路线。 2. 学会导航到目的地。 3. 培养自主探究能力，提高数字素养。	
教学环节	学习活动	评价要点
创设情境，问题导入	师：威海荣成西霞口村是我国著名的小康村，先后开发了成山头、神雕山野生动物园、海驴岛、福如东海、福通天和乐园、摩天岭六大景区，大家想不想去游玩呢？我打算去看看。可是我从来没去过，西霞口村位置在哪里、走哪条路，都不知道。怎么办呢，谁来帮帮我？ 学生可能会给出多种解决方案。例如，找人带路、沿途问路、查找地图等。 师：同学们帮我想出了这么多的办法，哪一种最方便呢？网络地图功能强大，可以帮助我们迅速找到目的地，甚至能提供实时路况信息，规划路线。目前比较知名的地图网站有：百度地图、高德地图及谷歌地图等。（出示课题）	引导学生思考、讨论，想出用网络地图导航路线
任务驱动，探究新知	任务一：目的地搜索。 师：我们先来看一下怎样在网络地图搜索目的地。 首先，我们打开百度地图，然后在左上角的搜索框内输入目的地"神雕山野生动物园"，点击搜索按钮。现在它的准确位置已经出现在我们面前。 师：神雕山野生动物园在我们文登的哪个方向？ 生：看不到文登。	1. 自主探究搜索目的地的方法

续表

教学环节	学习活动	评价要点
任务驱动，探究新知	师：这是因为地图放大了，我们可以调整地图大小，点击右下角的 + 、− 号可以放大或者缩小地图，或者滑动鼠标滚轮也可以放大缩小地图。 现在谁能告诉我它在文登哪个方向？ 生：在文登的东北方向。 学生以小组为单位，搜索位于神雕山野生动物园附近的成山头的位置。 教师巡回指导。 师：刚才同学们搜索成山头的时候，出现了好多标记，这是为什么呢？ 这是因为搜索名称不是特别精确，网站会自动找到多个相似的地点并标记，根据相似度排序后，给搜索人更多的选择和更好的推荐。我们在排序列表中点击正确的目的地后，该标记会变成蓝色，这个就是我们要找的位置。 任务二：规划路线。 师：神雕山野生动物园的位置我们已经搜索到了，那么老师去那里要走哪条路线呢？ 百度地图可以根据不同的出行方式，如公交、驾车、步行、骑行等，帮我们规划路线。 打开百度地图后，单击"路线"按钮，输入"起点"和"终点"，单击"搜索"，可搜到不同的规划路线，我们可根据情况选择最合适的一条。 小组帮助老师规划从神雕山野生动物园到成山头的路线。 教师巡回指导。 学生交流规划的最佳路线以及理由 任务三：查看实时路况。 师：假期出行的人肯定特别多，我们规划好的路线是否能畅通无阻呢？如果出现交通阻塞，是会影响出行的心情的，也会打乱我们的出行计划。 在地图上，能不能查看交通状况呢？ 我们点击地图右上角工具条中的"路况"按钮，可以查看实时交通是否畅通，绿色代表畅通、橙色代表缓行、红色代表拥挤、深红色代表严重拥堵。这样我们就可以根据实时路况选择最佳出行路线。 我们点击地图右上角工具条中的工具箱，选择测距工具，可以测量起点到终点的直线距离，利用工具箱中的标记工具，可以在路线上做标记，进行备注，帮助我们规划详细的路线图。	2. 根据需求规划出行路线

续表

教学环节	学习活动	评价要点
任务驱动，探究新知	小组任务： 1. 查看成山头到西霞口动物园的实时路况，选择一条最佳路线。 2. 用测距工具测量路线长度。 3. 假如我的车速是每小时 80 公里，请同学们帮助老师计算出从成山头到西霞口动物园所需要的时间。 教师巡回指导。 学生交流。 任务四：分享地图信息。 师：老师想约好朋友一起去动物园，那需不需要好朋友也做一下路线规划呢？ 我们怎样把已经规划好的地图信息分享给好朋友呢？ 选择地图右上角工具箱中的"分享"，复制链接发送给好友即可。	3. 深度探究，解决重难点问题
综合运用，巩固提升	同学们帮助老师解决了不少难题，以后大家出行肯定会很顺利！现在我们来比赛，规划自己的五一旅游出行路线，看看哪位同学规划得详尽、合理、实用。 展示学生作品，师生评价。	理论联系实际，运用所学知识规划五一出行路线
课堂总结，拓展延伸	这节课我们学习了网络地图的使用方法，了解了网络地图的目的地搜索、路线规划、实时路况和地图信息分享等功能，相信对以后出行会有很大帮助。	1. 交流本节学到的知识，理顺知识结构 2. 鼓励学生学会用互联网解决生活中的实际问题

板书设计：

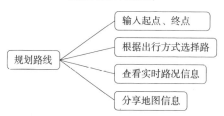

旖旎西霞口我规划

规划路线
- 输入起点、终点
- 根据出行方式选择路
- 查看实时路况信息
- 分享地图信息

图 4-12 "旖旎西霞口我规划"板书设计

七、单元作业

（一）单元作业简介

本单元作业基于深度学习理念设计，在形式、内容等多个维度做出调整，意图让学生进一步了解互联网的神奇功能，培养爱家乡、爱自然的思想感情，增强主人翁意识。

（二）单元作业思维导图

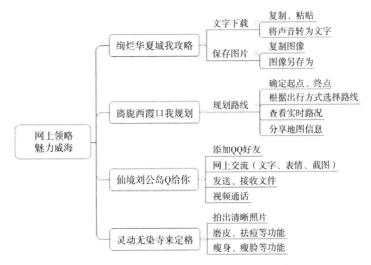

图 4-13 "网上领略魅力威海"单元作业思维导图

（三）作业设计

任务一：绚烂华夏城我攻略	
问题	如何下载网上资源？
1. 想一想。 威海华夏城是以展示东方古典文化为主的大型文化景区。在华夏城，你可欣赏气势宏大的圣水观音音乐喷泉表演，或在尽显南北古典建筑元素精华的仿古展馆"夏园"中漫步，还可以观看精彩的杂技、马戏、武术表演，而晚上的大型山水实景演艺《神游华夏》绝不容错过，定能震撼你的心灵。	

150

续表

师：大家想不想去游玩呢？去旅游之前，我们要做好准备，做一份旅游攻略。大家看，这份旅游攻略需要哪些内容呢？这些文字和图片从哪里来呢？怎样把文字和图片保存到电脑中呢？

（设计意图：阅读旅游攻略，思考都需要准备哪些内容、怎样下载这些内容。）

2.试一试。

（1）在互联网上搜索"华夏城"，保存相关文字或图片。

思考：保存文字的方法有哪些？如果文字无法保存怎么办？

（2）结合刚刚学到的内容，用关键词"华夏城"搜索图片，小组讨论下载图片的方法。

思考：下载图片的方法有哪些？说出保存文字和保存图片的不同之处。

（设计意图：引导学生探究保存文字和图片的方法，注意保护他人知识产权。）

3.做一做。将保存下来的文字在写字板中进行编辑、排版。

（设计意图：引导学生合理下载网络资源，并对内容进行编辑。）

评价要点：

1.是否能选择文字资料，并保存到写字板中。

2.是否能选择图片，并保存到文件夹中。

学科素养点：

1.信息意识：能判断哪些信息对自己有用。

2.数字化学习与创新能力：能根据学习需要，利用网络获取、加工所需要的信息，解决生活中的实际问题。

3.信息社会责任：有意识地保护他人和自己的隐私，保护他人的知识产权。在分享他人数字作品时标注来源，尊重数字作品所有者的权益。

所用资源	略

任务二：旑旎西霞口我规划

问题	如何利用网络地图规划路线？

1.想一想。

（播放宣传片）西霞口村是我国著名的小康村，谁知道它的具体位置？去西霞口可以走哪条路线？

（设计意图：通过观看西霞口宣传片，激发学生的学习热情，引出网络地图的使用。）

2.试一试。

用百度地图搜索目的地"西霞口动物园"。

思考：搜索西霞口动物园，出现好多标记结果，而不是唯一一个，这是为什么？

位置已经搜索到了，应该走哪条路线呢？

试试在地图中按照出行方式，输入起点、终点，规划路线。

规划好的路线是否能畅通无阻呢？尝试查看实时路况。

续表

将地图分享给其他人。 （设计意图：学生通过动手实践，掌握了用网络地图规划出行路线的方法） 3. 画一画。 为自己规划一条出游路线，看看哪位同学规划得详尽、合理、实用。 （设计意图：将知识运用到实际生活中，培养解决问题的能力。）	
评价要点： 1. 能否在网络地图上搜索目的地、根据出行方式等因素规划路线。 2. 能否查看实时路况。 3. 能否将地图分享给他人。	
学科素养点： 1. 信息意识：主动获取、筛选、分析数据，解决问题。 2. 数字化学习与创新能力：开展合作学习，规划出行路线。	
所用资源	略

任务三：仙境刘公岛Q给你

问题	如何利用QQ交流和传输文件？

1. 想一想。除了打电话，我们还有其他与人即时通信的方法吗？

（设计意图：以贴近学生生活的话题导入新课，激发学生的参与热情与求知欲望。）

2. 试一试。

（1）将小组成员添加为QQ好友。

（2）思考：如何给好友发消息？如何调整文字大小、颜色、字体、特效等？怎样将屏幕截图发送给好友？

（3）我们学习了如何用文字和他人交流，有什么方法可以面对面交流呢？（视频通话）

（4）将之前做过的"华夏城旅游攻略"发送给同桌，并让对方接受。

（5）思考：接收的文件存放在什么位置？

（设计意图：培养学生综合运用多种软件解决实际问题的能力，同时用小组合作增强学生的合作意识。）

3. 做一做。搜索刘公岛相关信息，并下载到写字板中，发送给你的好友，交流一下刘公岛有哪些历史故事。

（设计意图：通过综合练习，让学生巩固练习本节课的知识，同时了解刘公岛的历史故事）

评价要点：

1. 能否添加QQ好友。

2. 能否熟练发送文字，图片，表情，文件等信息。

3. 能否接受文件信息。

学科素养点:

1.信息意识:能选用恰当的数字化方式表达个人的见闻和想法,乐于与他人分享信息。

2.数字化学习与创新能力:能用文字、图片、音频、视频记录自己在学习和生活中发生的事情。

3.信息社会责任:能用数字设备记录自己的生活,注意保护个人隐私,用社会公认的行为规范进行网络交流,遵守相关的法律法规。

所用资源	略

任务四:灵动无染寺来定格	
问题	如何用手机拍照及修图?

1.想一想。

如今,人们已经习惯用手机拍照来记录生活中的美好瞬间。你用手机拍过照片吗?怎样操作呢?观察这两张照片(出示课件),你发现了什么问题?

(设计意图:创设问题情境,引导学生仔细观察、积极思考。)

2.试一试。

(1)自己用手机拍照,总结拍照技巧。

(2)对比未处理的照片和处理过的照片,找出不同。

(3)美图秀秀人像美容功能,能让皮肤变得白皙;瘦身、瘦脸功能,能让人变得更美丽。

(设计意图:通过自主探究和小组合作活动,提升学生自主学习能力)

3.做一做。自己拍照,并对照片进行修饰。

(设计意图:通过综合运用美图秀秀,对图片进行修饰美化,提高创作能力和审美能力。)

评价要点:

1.是否能够拍出清晰的图片。

2.是否会用修图软件处理图片。

学科素养点:

1.信息意识:能合理使用数字设备处理文字、图片和声音,能够选用恰当的数字化方式表达个人的见闻和想法,乐于与他人分享信息。

2.数字化学习与创新能力:能利用数字设备记录自己在学习和生活中发生的事情。能创作简单的数字作品。

所用资源	略

"校园智能垃圾桶设计"单元教学案例

单元主题：校园智能垃圾桶设计。

教材版本：山东教育出版社 2018 版。

授课年级：五年级。

单元总课时：8 课时。

一、单元主题解读

（一）教材分析

本单元是小学信息科技教材第四册内容，授课对象是五年级学生，主要内容是图形化编程，培养学生计算思维能力和创新意识。

教师以"未来智能垃圾桶设计"为主题，设计了以下主题任务：按钮控制垃圾桶的打开和关闭、倒计时关闭垃圾桶、智能机械手捡垃圾、建立垃圾库、声控垃圾桶、垃圾桶能体感检测、垃圾桶能智能识别等。从任务难度上来说，是层层递进。从知识结构上来说，是从基本的造型切换、广播控制，到程序的顺序结构、循环结构、选择结构，再到声音控制、体感监测、智能识别，逐步加大难度。

（二）核心素养分析

《义务教育信息科技课程标准（2022 年版）》指出，信息科技学科核心素养包括：信息意识、计算思维、数字化学习与创新、信息社会责任。

计算思维是指个体在运用计算机科学领域的思想方法形成问题解决方案的过程中产生的一系列思维活动。具备计算思维的学生能够使用算法实现定义好的目标，并有效地解决问题。

在本单元中，学生学习编程知识，运用编程技巧解决现实生活中的问题，有效培养了计算思维及创新意识。

二、单元学习目标

（一）内容分析

本单元教学内容是图形化编程，包括软件界面、角色和背景、积木、程序结构（顺序、循环、选择）、变量、响度侦测、视频侦测、画图、克隆等。教师重新规划教材，基于深度学习理念进行单元教学设计，以"未来智能垃圾桶"为单元主题，创设多种问题情境，引导学生深度学习，经历任务设计、编程分析、脚本搭建等过程，培养计算思维。

（二）学情分析

本单元是小学信息科技第四册内容，授课对象是五年级学生。通过前三个学期的学习，学生具备一定的计算机操作能力，会正确使用鼠标、键盘及基础操作系统等。图形化编程的优势是，学生可以像搭积木一样，将创意表达出来。本单元对学生来说，积木的使用方法是基础，重难点是计算思维的培养。

学生对图形化编程是非常感兴趣的，但是对积木、程序结构等知识点缺少了解。据课前问卷调查显示，学生能理解生活中的循环程序，例如洗衣机的循环多次洗涤，所以这部分内容可以多联系生活实际进行学习。

（三）目标设定

认识图形化编程软件，了解积木的功能，学会区分相似积木的不同用法。

了解程序的三种结构及使用方法，学会嵌套使用循环结构和选择结构。

知道什么是变量、链表，会用它们存储不同类型的数据。

面对生活中的实际问题，会分析、寻找解决问题的方法，会梳理流程，将流程转化成脚本，会调试、修改程序。

三、单元学习活动

（一）单元学习规划思路

国家对环境保护的重视及各级各类教育部门对垃圾分类的宣传，使学生对垃圾分类有了一定认识，但是无法准确地给生活垃圾分类，例如牙刷、陶瓷碎片等。自《威海市生活垃圾分类管理办法》出台以来，威海的生活垃圾实行分类投放、分类回收、运输及分类处置。学生可利用信息科技工具为垃圾分类，提高环境保护意识，树立节能环保观念。

本单元教学内容主要包括：控制盖子开关、倒计时关闭盖子、智能捡垃圾、声控垃圾桶、体感监测、智能识别垃圾。学生为了设计智能垃圾桶，深度学习图形化编程，如造型切换、制作倒计时器、判断条件是否满足智能捡垃圾、利用响度积木实现声音控制垃圾桶、利用视频侦测实现体感监测倒垃圾、利用链表建立分类垃圾库、利用智能模型识别垃圾等。

第一课"垃圾桶的样子"设计思路：认识图形化编程界面，学习添加角色和背景、造型切换，用造型切换来打开或关闭盖子。

第二课"能控制开关"设计思路：用广播模块控制盖子的打开或关闭。

第三课"能倒计时"设计思路：建立变量，实现盖子的倒计时关闭。

第四课"智能捡垃圾"设计思路：学会侦测是否按下鼠标、是否碰到某物，学会用"和"积木搭建同时满足两个条件的判断。

第五课"声控垃圾桶"设计思路：学会用响度积木，理解它的作用是侦测外界音量，用数字直观表达声音高低，创造性地用响度积木设计程序，解决生活中的一些问题，如设计声控灯、声控垃圾桶等。教学内容分为三个部分：一是通过声音监测实验来验证响度积木的作用；二是在程序中使用响度积木，还可以将响度积木嵌套在其他积木中搭配使用；三是个性化设计程序，先将所学知识应用于生活实际，再加以创新。

第六课"体感监测"设计思路：视频侦测模块和响度的使用方法大同小异。先让学生体验体感监测倒垃圾，然后提出问题：制作体感垃圾桶需要解决哪些问题呢？接着出示图片，引导学生说出答案：一是要将视频"捕捉"到电脑中；二是要用侦测到的视频信号编程。

第七课"建立分类垃圾库"设计思路：本课中，"链表"是一个全新的概念，要让学生理解链表是一种特殊的变量，可以存放、读取一组同类数据，掌握链表模块中各个积木的功能及适用情况，比如在链表中添加项目、删除项目、清空链表等。考虑到垃圾库既要能增加垃圾种类，还要能删除列表中多余的垃圾，从垃圾库中扣除对应的单价，所以拓展教材，引入"Item #……"判断语句，使学生更好地使用变量、列表等解决实际问题。

第八课"智能识别垃圾"设计思路：未来，当人们把一份垃圾放在摄像头前，程序就能识别出垃圾种类，然后打开相应的垃圾桶。这个程序可以用在家里或者小区垃圾站，帮助人们对垃圾进行分类。这个设想要借助"慧编程"里的"机器学习"功能来建立模型，识别垃圾种类。我们的目的是将垃圾归类，所以每种垃圾识别出来后，要判断它在哪个垃圾分类列表中，然后打开相应的垃圾桶。

（二）单元学习规划设计

表 4-7　"校园智能垃圾桶设计"单元学习规划设计表

课时	学习目标	学习内容	学习活动	学习资源
第1课"垃圾桶的样子"	1. 初步了解 Scraino 的界面组成和各部分功能 2. 尝试编写简单的脚本，学会控制程序的运行和停止 3. 认识角色造型，用造型切换来打开或关闭垃圾桶盖子	导入角色、改变造型	探究外观模块中的"切换造型"功能，试着编写简单的程序	垃圾桶图片

续表

课时	学习目标	学习内容	学习活动	学习资源
第2课"能控制开关"	了解广播模块的作用，用广播模块控制垃圾桶盖子的打开或关闭	广播模块	观看微课，小组探究"广播"的作用及用法	微课"认识广播"
第3课"倒计时"	能读懂简单的流程图，用流程图编程，解决一些简单的问题	倒计时的原理	小组探究倒计时的方法	倒计时程序的流程图
第4课"智能捡垃圾"	1. 结合生活经验，观察机械手的造型，分析机械手的工作流程 2. 能够用定时器、脚本程序控制机械手 3. 学会使用运算模块中的"和"积木搭建同时满足两个条件的判断	程序的结构	观看微视频，填写任务单，梳理流程图，分析角色的工作流程	微视频、流程图、任务单
第5课"声控垃圾桶"	1. 了解响度积木的作用 2. 学会将响度积木嵌套在"如果……那么……"积木中，以改变角色属性 3. 能够在设计、改造声控垃圾桶的过程中，巩固所学知识，提升创新意识和能力	侦测外界声音的响度积木	1. 用麦克风做实验，理解响度积木的作用 2. 通过错误尝试，学会将响度嵌套在其他积木中配套使用 3. 学会分析问题，梳理解决问题的思路，进而提高计算思维能力	微视频，声控灯和声控垃圾桶的素材
第6课"体感监测"	1. 了解制作体感游戏的关键步骤 2. 学会开启摄像头、调整摄像头清晰度 3. 了解"视频相对于运动"等积木的用法，提高体感游戏效果	体感积木的生活应用	1. 分析制作体感游戏需要解决哪些问题 2. 小组合作探究，学习使用摄像头 3. 尝试用运算积木和条件判断积木来控制角色运动，提高体感游戏效果	微视频、摄像头、角色素材
第7课"建立分类垃圾库"	掌握链表的使用方法	链表	1. 通过自主学习，掌握链表的使用方法 2. 小组交流、合作，将垃圾加到列表中	微视频
第8课"智能识别垃圾"	能够运用"慧编程"里的"机器学习"功能来建立模型，识别垃圾种类	用"机器学习"功能建立模型	运用"慧编程"里的"机器学习"功能来搭建简单的模型	微视频、角色素材

四、单元评价

表4-8 持续性评价方案设计

课时	评价目标	评价任务	评价标准	评价方式
第1课"垃圾桶的样子"	1.编程改变角色造型 2.自主搭建程序，说出程序执行顺序，理解程序结构	1.用外观模块中的"切换造型"来改变角色造型 2.自主改进程序，持续一段时间后切换造型	1.能够改变角色造型 2.能够改进程序，持续一段时间后切换造型 3.能够理解脚本，按照顺序依次执行	访谈、课堂观察、任务提交
第2课"能控制开关"	了解程序中传送消息的机制	学生在给垃圾桶盖子添加控制开关的活动中，用广播模块发送消息，盖子在收到消息后打开或者关闭	会使用广播模块发送消息	课堂观察、任务提交
第3课"倒计时"	了解程序的循环结构，建立用变量存储数据的概念	学生在给垃圾桶制作倒计时器的过程中，用变量存储数据，用循环结构实现循环计数	1.会建立变量、初始化、更改数值 2.会区分三种循环结构	课堂观察、任务提交
第4课"智能捡垃圾"	建立用流程图梳理程序思路的意识，认识程序的选择结构	1.梳理机械手的工作流程，使用流程图，提升计算思维能力 2.用"和"积木搭建同时满足两个条件的判断	会补充流程图，会使用"和"积木	课堂观察、任务提交
第5课"声控垃圾桶"	利用响度积木监测外界声音，与其他积木搭配应用于生活中	学生在声音监测实验中，会用响度积木监测外界声音，会与其他积木搭配应用于生活中	会将响度积木嵌在条件判断积木中，并创新应用于生活中	实验法、课堂观察、创新任务提交
第6课"体感监测"	利用视频积木监测外界动作，并与其他积木配套使用	学生在视频侦测实验中，会用视频侦测外界动作，会结合其他积木创新使用视频积木	会将视频积木与其他积木配套使用，并创新应用到生活中	实验法、课堂观察、创新任务提交
第7课"建立分类垃圾库"	建立用链表存储字符串型数据的意识	学生在建立垃圾库的过程中，使用链表模块的新建、插入、取值、删除等功能对垃圾库进行操作	会使用链表的各个功能对字符串型数据进行操作	角色素材、课堂观察、任务学习单

课时	评价目标	评价任务	评价标准	评价方式
第8课"智能识别垃圾"	会用图形化编程搭建简单模型，设计人工智能程序	学生会用"慧编程"中"机器学习"功能建立简单的生活物品的模型，编程识别出这种生活物品	能说出"机器学习"功能的作用，能建立某类垃圾的模型，能编程识别某种垃圾	简单生活物品、慧编程软件、学习任务单、课堂观察

五、教学片段

第4课时：智能捡垃圾		
学习目标	1.观察机械手的造型，能够分析出机械手的工作流程。 2.通过搭建机械手脚本程序，学会使用侦测模块中的"是否按下鼠标"积木。 3.通过搭建扔矿泉水瓶脚本程序，学会使用运算模块中的"和"积木搭建同时满足两个条件的判断。 4.通过观看视频"垃圾如何分类"，了解垃圾分类标准，进行德育渗透。 5.通过设计"垃圾分类"程序，巩固本课知识点，完成垃圾分类综合练习。 6.通过设计"人工智能识垃圾"小程序活动，拓宽学生视野。		
教学环节	学习活动	评价要点
环节一	一、分析机械手工作流程、搭建脚本 1.提出任务：在生活中，遇到这样的情况，你会怎么办？ 2.说一说你扔垃圾的过程。 思考：用手捡垃圾有什么问题？ 3.我们可以设计一个"智能机械手"来捡垃圾。机械手怎样捡垃圾呢？下面观看视频，注意观察机械手的动作并填空： 注意观察机械手： 当绿旗被单击时，机械手 切换到_____造型， 再移动到_____的位置， 当_____时，切换_____造型。 当绿旗被单击时，机械手切换到（ ）造型，再移动到（ ）的位置。当（ ）时，切换（ ）造型。 4.相信同学们一定有了答案，下面拿出学习任务单，为正确的机械手工作流程连线。	1.观看微视频，分析机械手的工作流程。 2.能将学习任务单上的机械手的工作流程图补充完整。 3.能按照流程图把机械手的脚本搭建出来。

教学环节	学习活动	评价要点
环节二	5. 找一名已完成的同学到前面介绍流程图。大家一起讨论机械手的工作流程。 6. 打开任务 1，按照流程图搭建机械手脚本程序。 二、分析扔矿泉水瓶的流程、搭建脚本 1. 我们已经搭建好了机械手脚本程序，下面一起来看矿泉水瓶如何被扔进垃圾桶。 2. 观看视频，注意观察矿泉水瓶，思考以下问题： 当（　）和（　）条件同时满足时，瓶子跟着机械手移动。 当（　）时，瓶子隐藏。 3. 下面拿出学习任务单，梳理扔瓶子的正确流程。 4. 找一名同学介绍流程图，师生一起讨论。 5. 打开任务 2，按照流程图搭建扔瓶子的脚本程序。	1. 能观察微视频，分析扔矿泉水瓶的流程。 2. 能将学习任务单上的扔矿泉水瓶工作流程图补充完整。 3. 能理解两个条件同时满足的复杂选择结构，会使用"和"积木搭建同时满足两个条件的判断。 4. 能按照流程图搭建扔矿泉水瓶的脚本程序。
环节三	三、垃圾分一分，更环保 1. 同学们已经搭建了智能机械手捡垃圾的程序，相信未来你们一定能实现它。敢不敢接受更大的挑战？ 2. 出示更多垃圾，让学生分类。预测学生对有些垃圾不熟悉，不会分类，产生认知冲突。 3. 引入威海垃圾分类政策，播放垃圾分类小视频，进行垃圾分类教育。 4. 师生一起梳理垃圾分类流程。学生选择文件，补充程序。	1. 关注生活和社会，知道垃圾分类的方法。 2. 将垃圾分类知识融入编程教学，提升用编程改变生活的意识。
环节四	四、视野拓展—人工智能助力、识别垃圾更方便 1. 思考：如果有人不会垃圾分类怎么办？ 2. 学生讨论。 3. 老师有一个好办法，让人工智能来帮助我们识别垃圾。播放微视频《人工智能识别垃圾》。	了解现在及未来的科技发展趋势，培养计算思维

板书设计：

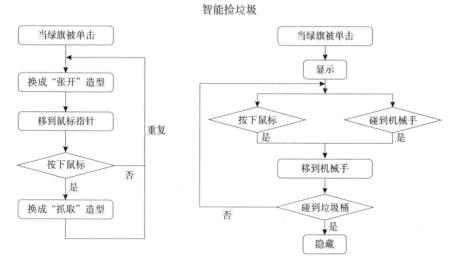

图 4-14 "智能捡垃圾"板书设计

六、单元作业

（一）单元作业简介

本单元作业以小学信息科技教材图形化编程为基础内容，拓展加入了人工智能模块，以"校园智能垃圾桶设计"为主题情境，重组单元内容，帮助学生巩固编程相关知识，重点提升学生的计算思维核心素养和创新意识。

（二）单元作业思维导图

具体内容参见图 4-15 至图 4-19。

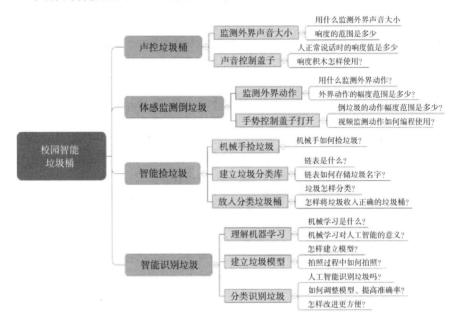

图 4-15 "校园智能垃圾桶"作业设计

图 4-16 "声控垃圾桶"作业设计

图 4-17 "体感监测倒垃圾"作业设计

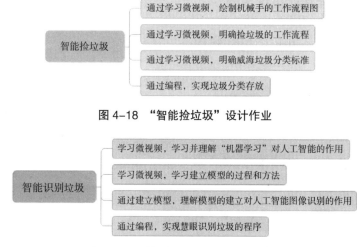

图 4-18 "智能捡垃圾"设计作业

图 4-19 "智能识别垃圾"作业设计

（三）单元作业解析

1.课标解读

本单元作业是小学信息科技第 4 册内容，引导学生深度学习，进行任务设计、编程分析、脚本搭建等，意在提升学生的计算思维能力。

2.单元作业目标

能够使用图形化编程软件搭建脚本程序。

能够使用变量和链表存储不同类型的数据。

能够使用人工智能相关积木编程。

能够按照流程图搭建、修改脚本程序。

（四）作业设计

<table>
<tr><td colspan="2" align="center">任务一：声控垃圾桶</td></tr>
<tr><td align="center">问题</td><td align="center">如何改造垃圾桶？</td></tr>
</table>

1. 观察思考。

在我们的校园中，存在不少垃圾桶。同学们每次倒垃圾的时候有什么困扰吗？如何改造垃圾桶呢？

（设计意图：引导学生发现问题：盖子很脏，怎样倒垃圾更卫生？）

2. 猜一猜。如果想用声音控制垃圾桶盖子，需要解决哪些问题？

猜想1　　　　　　　　　猜想2

（设计意图：引导学生思考用声音控制垃圾桶盖子的两个关键步骤。）

3. 做一做。侦测模块有一个积木能侦测声音，它叫响度，找到响度积木并勾选。将耳麦插入主机箱接口，请你对着麦克风说 3 句"你好"，要求：3 句话的音量从低到高，观察响度的变化，你发现了什么？

思考并讨论：这条命令有什么作用呢？

（设计意图：引导学生通过实验得出响度积木的作用是侦测外界音量，并用数字显示外界声音的大小。）

4. 理一理。梳理声控垃圾桶工作流程图。

（设计意图：通过梳理流程图，提升计算思维能力。）

5. 编一编。根据流程图搭建脚本程序。

```
当绿旗被单击
    ↓
换成"关闭"造型
    ↓
条件？ ——否
  是↓          重复
换成"打开"造型
```

评价要点：

1. 是否会使用响度积木监测外界音量。

2. 是否会将响度积木与其他积木搭配使用。

学科素养点：

数字化学习与创新能力：在声音监测实验环节中，人人都变身小科学家进行深度学习；在设计和改造声控垃圾桶环节中，每个同学都成了科技发明小能手，尝试设计自己想象中的声控垃圾桶，创新意识得到大幅提升。

计算思维能力：通过梳理流程图并搭建脚本程序，提升了计算思维能力。

续表

任务二：体感监测倒垃圾	
问题	如何实现体感监测有人倒垃圾？

1. 实验一：视频捕捉实验。

（1）到组长电脑上，打开桌面"垃圾桶"文件。

（2）将摄像头跟电脑连接起来。

（3）Scraino 扩展模块中有一个模块能侦测视频，叫作"视频运动"，找到并添加。

（4）哪个积木可以开启摄像头？

（5）哪个积木可以调整视频透明度、更改摄像头透明度参数？说说你的发现。

（设计意图：引导学生学会使用视频积木，侦测外界视频。）

2. 实验二：视频编程实验。

（1）自己阅读课本 59 页—60 页，找一找  的作用是什么。

（2）根据课本提示，思考如何用它搭建出视频监测有人倒垃圾的动作。

（3）需要与哪些积木一起使用？

（设计意图：引导学生通过实验得出 相对于 角色 的视频 运动 的用法。）

3. 理一理。梳理声控垃圾桶的流程图（右图）。

（设计意图：按照流程图梳理工作思路，提升计算思维能力。）

4. 编一编。按照流程图搭建积木，并调试程序。

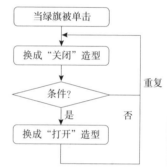

评价要点：

1. 学生在视频侦测实验中，是否会使用视频侦测外界动作的大小，

2. 是否知道视频相关积木的作用。

3. 是否会结合其他积木创新使用视频积木。

学科素养点：

1. 计算思维能力：学生在视频侦测实验中，会使用视频侦测外界动作的大小，会结合其他积木创新使用视频积木。通过流程图梳理流程并搭建程序，提升计算思维能力。

2. 数字化学习与创新能力：通过实验形成科学探究解决问题的意识，提升实践能力和创新意识。

任务三：智能机械手设计	
问题	如何实现智能机械手？

1. 想一想。观察右图，在生活中，遇到这样的情况，你会怎么办？说一说你扔垃圾的过程。

思考：用手捡垃圾有什么问题？

（设计意图：通过观察图片，发现生活中的问题。）

续表

2. 看一看。未来，我们可以设计一款"智能机械手"来捡垃圾。机械手怎样捡垃圾呢？观看视频，注意观察机械手的工作流程。

（设计意图：通过观看微视频，总结机械手的工作流程。）

3. 做一做。相信同学们一定有了答案，下面拿出学习任务单，梳理机械手的工作流程，按照流程图给机械手搭建脚本程序。

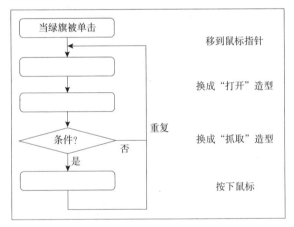

（设计意图：通过梳理流程图，进一步理解机械手的工作思路，提升计算思维能力。）

4. 想一想。观看视频，说一说矿泉水瓶是怎样被扔进垃圾桶的。

（设计意图：通过观看微视频，总结扔矿泉水瓶的工作流程。）

5 做一做。拿出学习任务单，梳理扔矿泉水瓶的流程，并按照流程图搭建脚本程序。

（设计意图：通过流程图连线，进一步梳理扔矿泉水瓶的流程，提升计算思维能力。）

6. 垃圾分一分。

观看小视频《威海垃圾分类》，学习垃圾分类常识。

请你为垃圾分类，并修改相关程序。

（设计意图：通过观看微视频，深入了解垃圾分类方法，完善垃圾分类程序。）

评价要点：

1. 能观察微视频，分析机械手的工作流程。

2. 能将学习任务单上机械手工作流程图补充完整。

3. 能按照流程图搭建机械手脚本程序。

学科素养点：

1. 计算思维能力：建立用流程图梳理程序的意识，了解程序的选择结构。

2. 数字化学习与创新能力：改造传统垃圾桶，创新服务生活。

3. 信息社会责任：应用图形化编程解决生活中的实际问题，让生活变得更加美好。

任务四："慧眼"识垃圾

问题	如何智能识别垃圾种类呢？

背景介绍：

现如今，全国各地逐渐普及垃圾分类。所谓垃圾分类，就是把我们日常生活中产生的各种垃圾按照一定规范进行分类处理。垃圾分类能够提高资源的回收利用效率，让环境变得更加整洁，现在垃圾分类是一种新风尚。

垃圾分类，从我做起！下面来出两道题考考大家，看看大家是不是合格的环保小卫士。

（1）中国最先施行垃圾分类的城市是（   ）

A. 北京   B. 广州   C. 上海   D. 深圳

（2）请将下面的垃圾根据北京市垃圾分类标准进行分类。

香蕉皮、废织物、废电池、卫生纸、剩菜剩饭、塑料袋、过期药品、饮料杯、废旧书籍、茶叶渣。

厨余垃圾：

可回收垃圾：

有害垃圾：

其他垃圾：

你对自己的答案有信心吗？

为垃圾分类有点儿难，特别是对于老年人来说，一些物品较难分类。不要慌，我们今天就来解决这个问题，利用"慧编程"来设计一个垃圾分类小程序。

程序为什么会这么聪明呢？它如何能识别出是哪一种垃圾呢？这就要借助于"慧编程"里的"机器学习"功能来建立模型，识别垃圾。下面开始今天的作业探究。

（设计意图：引导学生理解垃圾分类的难点。）

1. 学一学。

（1）打开扩展模块中的"机器学习"，将其添加进来。

（2）资料链接：什么是机器学习呢？

我们从小到大，通过不断学习掌握了许多知识和技能。机器也一样，机器通过"学习"掌握知识的过程就叫作机器学习，这是人工智能的核心，是使计算机具备智能的根本方法。

（设计意图：了解"机器学习"的概念及"机器学习"对人工智能的重要意义。）

机器学习

慧编程官方扩展

在不直接编程的情况下训练电脑进行学习，创建类似于人脑的人工神经网络

续表

2. 做一做。建立垃圾模型。

小时候，爸爸妈妈指着物品告诉我们，这是什么，那是什么。同样，要想让机器知道这是什么垃圾，那是什么垃圾，我们也要先说明物品的形态。这个让机器学习并记住垃圾名字的过程，我们称为"建立模型"。

（1）点击"机器学习"模块中的"训练模型"，默认的模型数量是3，如果你要建立更多的模型，选择"新建模型"，输入模型数量。

（2）建立垃圾模型。

我们以建立"饮料瓶"模型为例，了解一下建模过程：

输入模型名称"饮料瓶"，把饮料瓶拿到摄像头前面，注意画面中尽量只有饮料瓶，不要有别的物品，以免影响辨识的准确度，然后点击"学习"，开始拍摄不同角度的照片。

（3）按照同样的方法依次建立"药品""香蕉""饼干包装袋"等垃圾模型。

（设计意图：通过建模，体验图形化编程中建立模型的便捷，理解模型建立对以后物品识别的作用。）

3. 练一练。建立垃圾分类库。

（1）用"变量"模块中的"新建列表"创建四个列表。

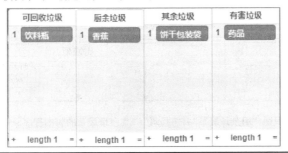

（2）知识链接：什么是语音交互？

为了方便交互，我们还可以用"人工智能服务"模块中的"语音交互"功能添加提示语音脚本。

我们用"训练模型"中的"识别结果"来调取摄像头识别的垃圾名称。摄像头识别垃圾并说出垃圾种类，接着打开相应的垃圾桶，脚本如下：

（设计意图：了解"语音交互"功能的重要作用。）

5. 编一编。

垃圾分类程序是如何工作的呢？我们拿出一份垃圾，放在摄像头前，程序能识别出这是什么垃圾，然后打开相应的垃圾桶。这个程序可以用在家里或者小区垃圾站，帮助人们对垃圾进行分类。垃圾分类程序的流程图如下：

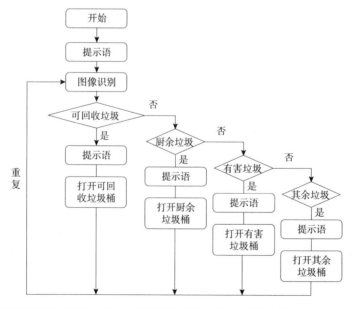

根据流程图编写识别"厨余垃圾""有害垃圾""其余垃圾"的脚本程序。

（设计意图：通过流程图连线，进一步梳理垃圾分类的流程，提升计算思维能力。）

评价要点： 1.学生在用"慧编程"软件时知道"机器学习"积木的作用。 2.使用"机器学习"积木建立简单的生活物品的模型，并编程识别出这种生活物品。 3.能按照流程图搭建脚本程序。
学科素养点： 1.人工智能意识：引导学生了解"机器学习"积木的作用，用图形化编程软件搭建简单的模型。 2.人工智能能力：运用"慧编程"里的"机器学习"功能来建立模型，识别垃圾。把垃圾放在摄像头前，程序能识别出这是什么垃圾，然后打开相应的垃圾桶。 3.人工智能社会责任：用人工智能知识创新改变生活，让生活更智能。

附　录
信息科技教育教学实践研究

基于信息科技提升学生核心素养的区域探索与实践

威海市文登区教育教学研究中心　于鹏飞

一、研究背景

为打造文登区特色信息化示范学校，提升文登区信息科技教育教学水平和学生比赛水平，开发普惠性信息科技课程，提升学生核心素养，我们开展了一系列研究实践活动，层层推进信息科技教育扎实有序开展。

（一）改扩建信息科技教室，提供优质硬件资源

在上级领导支持下，投入资金，改扩建信息科技教室、购置电脑，为信息科技教育提供良好的硬件资源。

（二）创建学科类微信公众号，开发普惠式学习资源

建设"文登少年信息科技学堂"公众号，由 10 余名骨干教师提供内容，原创百余篇信息科技微课型文章，惠及全区师生。

（三）线下线上立体化教研活动，提升信息科技教育质量

组织全区名师成长团队骨干力量，在两年内开展了几十次线上线下的

教研活动，制订课程开发计划，指导开发微课资源、撰写教学案例，为信息科技教育提供教研支撑。

（四）积极参加各级各类信息科技比赛，培养优秀学生

我区先后派出近千名同学参加各级各类信息科技比赛，获得市级、省级、国家级奖项百余人次，培养了一批具有创新能力的优秀学生。

二、研究目的

我们发现，当下小学信息科技教学存在以下问题：

问题一：信息科技教育理念的认同度不一，有待提高；对信息科技教育和 STEAM 教育知之甚少的学校管理者有畏难情绪，导致各校之间发展不平衡。

问题二：教师队伍的专业有待提高；中小学校从事信息科技教育和 STEAM 教育的教师来自多个学科，具有一定编程能力的教师少之又少，多数教师尚未具备开展信息科技教育和 STEAM 教育的专业能力和水平。

问题三：教材和课程需要进一步更新。我们通过调研，发现现有信息科技教育相关教材分为以下两种：一是中小学信息科技教材；二是开源电子和 3D 打印等课程，主要采用设备厂商提供的类似"设备操作说明书"；三是依靠培训、网络资源，或依据教学经验而得。

基于以上问题，我们将本次研究项目确定为"基于信息科技项目提升学生核心素养的实践与研究"。我们要培养一支有教学水平、能开发课程、能辅导学生参赛的教师队伍，切实提高学生的问题意识、发现和解决问题的能力、探究能力、动手能力、数字化创新能力，加大对区域内信息科技空间建设、课程设置、师资队伍建设及学生素质提升。

三、项目实施

我们致力于打造以信息科技教育为主体的创新教育，集中所有教师力量，推动项目建设取得实质性进展。

在宏观管理层面，学校领导需要进一步提高对信息科技教育的重视程度，将信息科技教育作为培养学生核心素养的重要载体。统筹规划本校的信息科技教育发展方案，并提供所需的人、财、物支持。

在微观教育层面，我们要打造"物理空间—课程体系—教师结构—评价机制"的教学生态链。为此，我们做了以下努力。

（一）支持学校建设信息科技教室

教室是信息科技教育教学活动基本的开展场所，也是学生学习、交际的场所。信息科技教室能支持学生进行多学科综合、创造性学习，我们全力支持学校建设信息科技教室，为学生深度学习提供更好的环境和空间。

（二）举办信息科技教育活动

我们抽选学科骨干教师组建 3D 打印、创意电子设计（Arduino）等兴趣小组，开设实验班，按照分步推进的策略，培养核心力量，定期组织学习活动。学生在多样化的学习环境中，培养综合素质及创新精神。待项目成熟后，会引入文登区课堂。

（三）开发信息科技本土化课程

为了使教材更适合我区学生使用，我们开发了信息科技本土化系列课程。

一是建立"文登少年信息科技学堂"公众号，制订信息科技微课资源开发计划，开发了图形化编程、Python、Cnstu3D 等一系列微课教程，为全区普及信息科技教育打造本土课程体系。

二是开发创新课程群，如基于图形化编程的创新应用开发、Micro: bit 创意智造、AI 慧编程等课程，培养学生的信息素养、创新意识及动手能力。除此以外，我们鼓励农村学校根据实际情况，开发普惠性信息科技创新课程，高村小学走在了前列，他们开设的图形化编程课程、Arduino 机器人创新课程取得了较好的效果。

（四）开展信息科技教师培训

文登区教研中心努力打造一支高素质、高水平的教师队伍，优化创新教学团队。

一是组织教师学习使用 3D 打印机、三维立体扫描仪、建模软件。

二是成立 3D 打印、创意电子设计等兴趣小组，定期开展小组活动。

三是组织各学校创新教育内容，通过研究、讨论等方式提升教师专业水平。

在此基础上，我们引入外来力量对教师进行培训，加强师资团队建设。我们采取"点面结合"的方式，为教师提供外出培训的机会，要求教师带着实验的困惑、带着明确的目的走出去，带着学习的收获、带着深入的思考走回来。学习归来的教师，对学科其他教师进行二级培训。通过这种形式，在不到一年的时间里，基本完成了对教师理论和技术的培训工作。我们还向老师推荐优秀的网站，鼓励他们借助网络学习，随时把学习的收获和思考记录下来。通过学与思的引领，实验教师迅速成为我区信息科技教学改革的"先头部队"。

（五）有效培养学生综合素养

信息科技教学改革以学生核心素养培育为目标，我们结合深度学习理念，着力研究、解决当前教学重难点问题，培养学生核心素养，促进学生全面发展。

1. 培养计算思维

计算思维的培养在小学阶段还是有一定的难度。因此，我们在小学阶段选择图形化编程，跳过计算机编程基本语法学习环节，将有限的时间用于计算思维的培养。我们设计了一系列图形化编程课程，如"规则图形我来变"一课，利用 Scratch 编程工具，通过绘制规则图形来探寻数学规律，提升学生创新意识和动手能力（见附录·图1）。

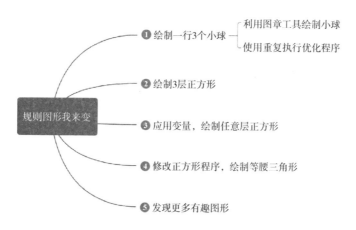

附录·图1 "规则图形我来变"思维导图

学习目标：掌握"图章""重复执行"代码块的运用技巧；观察案例图形，推导出 2N–1 的规律，从而计算出每层小球的个数（见附录·图2）。

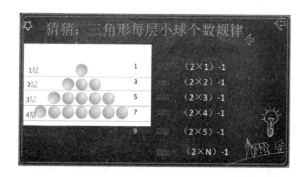

附录·图2 "规则图形我来变"案例

2.培养工程思维

（1）问题拆解及整合，提升工程设计能力。在人工智能方面，设计一个优秀作品往往需要跨学科技术支撑，在设计过程中，会动态生成很多问题，这就需要分解目标，拆解问题，将整体任务分解为若干个子项目，不断试错推演，在迭代数次之后才可以达成预设目标。

例如，学生参加"'一带一路'超级轨迹赛"，需要设计一款机器人来完成相关任务，包括"走出国门""穿越冰川""组装动车""跨境物流"等。学生需要将这些任务拆解思考、逐个攻克。在"组装动车"任务中，需要为机器人安装三个支架用来运送"动车组"。学生经过多次试验发现，由于该结构重心过低所以"动车组"频频滑落。在"跨境物流"任务中，学生用一个方形平台支架代替机器人接送"货物"，也出现了重心过低的问题。为攻克这一难题，学生将升高装置整体后移，让重心更加平衡，然后为机器人添加了一个用来固定"货物"的马达。学生经历了发现问题、深度思考、拆解实验、设计结构等过程，体验到创造的乐趣。

（2）预设问题解决策略，提升工程实施能力。在寻宝机器人比赛训练中，机器人有时能寻找到宝物，有时找不到。学生思考发现，可能是当前环境光线较弱，不利于机器人寻找宝物。因此，学生调整机器人的光电传感器，提升机器人敏感度，使机器人寻宝之路变得顺畅。

3.培养创新能力

美国教育家杜威倡导"从做中学"，他认为教师要通过"做"促使学生思考，从而学得知识。学生是学习过程中的中心；项目是学生在未来可能面临的"真实世界"的问题，没有固定的解决方法和过程。教师设计若干与生活实际相关的问题情境，在以学生为主体的教学活动中，培养学生的问题意识与创新能力。

例如，"浇花警示灯"项目，为了及时给教室内的盆栽浇水，学生用水分传感器和 LED 灯等材料制作了一款浇花警示灯，用来警示该盆栽的土壤湿度；"感应式门闸"项目，为了给学校安装进出口自动起落杆，学生用红外线传感器和舵机等材料制作了一款门闸模型。

4.培养信息素养

经过前期学习，学生掌握了获取环境相关数据的方法，这时教师引导学生发散思考：环境数值还有哪些利用价值？学生立刻发挥想象，可以进行环境监测，运用计算机和通信技术将环境监测站及其管理层联系起来，传递环境监测数据，包括温度、湿度、光照，等等。教师又引入物联网概念，扩宽学生知识面，多方面培养学生的信息素养。

（六）用数据反映教学效果

经过前期充分的准备，我们在实践中总结了微课教学方法和策略，及时记录遇到的问题，分析学生在深度学习、自主学习方面发生的变化，最后用得出的数据真实反馈教学效果。

四、研究发现

（一）教学环境更加优良

以培养学生的信息科技核心素养为起点，文登区建设信息科技教室，配置丰富的信息科技教学资源，着力营造良好的校园氛围，激发了学生的学习兴趣，提升了学生的内驱力。学生亲自动手操作各种先进的设备和软件，有效培养了计算思维和数字化创新能力等核心素养。

（二）教育水平明显提升

文登区在两年内，近十次派出骨干教师到临沂、济南、潍坊、日照等地参加山东省电教馆和山东省众创教育研究院组织的山东省信息科技教师培训、山东省信息科技大赛辅导教师培训，全面提升了教师的教育教学和辅导学生参赛的水平。

（三）普惠性课程惠及全区

教研中心为全区开展信息科技教育校本课程提供了普惠性教学资源（见附录·表1）。特别是在新冠肺炎疫情防控期间，教研中心多次组织线上云教研活动，全力开发"数学与编程""Python 基础课程"等课程资源，为中小学线上教学提供了强有力的支撑。

附录·表1　信息科技微课汇总表

类别	系列	节课
图形化编程	Scraino 基础课程	14
	Scraino 综合应用案例	10
	当数学遇上 Scratch 算法系列	21
Python 课程	入门课程	15
	经典算法	15
科技创新类课程	AI 慧编程	10
	Cnstu3D 创意设计	12
	Micro: bit 创意智造	10
	人工智能探秘	15

五、项目反思

（一）是否可以直接引用课程资源

近年来，我国出台了多项加速教育信息化进程的相关政策，都涉及信息素养。目前，一些县级学校对信息科技教育研究不多，能够结合某项技术开展教学实践的更是罕见。尽管国内外信息科技课程资源极为丰富，但是往往无法直接引用，因为课程多为知识层面的探索，难以提升学生核心素养。对于县级学校来说，无论从经济方面还是从学生学习方面考虑，都要选择适合自身学情的信息科技教学资源。由此，我们开发了一系列普惠性信息科技课程，为县级学校和教师提供支持。

例如，五年级下学期的图形化编程课程，为了方便更多的学生不限时间、地点地学习，我们设计了本土化单元主题教学案例，在疫情防控期间充分发挥了作用。

（二）如何更好地培养学生核心素养

核心素养是我国进行基础教育改革的落脚点，而深度学习则是引领信息科技深化改革、培养学生核心素养的重要途径。深度学习教学改进项目帮助学生构建学科知识体系，极大地提高了学生的学习兴趣。学生的逻辑思维和动手能力也有所提升，可以尝试设计一个功能性机器人、编写一个脚本程序等。

在项目实施阶段，学生选择兴趣项目，小组分工，自主探究，集体协作，主动提出一系列问题并逐一解决，他们相互交流、探讨并分享解决问题的方法，这既是学生自主构建知识体系的过程，也是他们提升核心素养、全面发展的过程。

（三）如何开展普惠性机器人课程

目前，我国机器人教育多以竞赛为导向，受众比较狭窄，学习成本较高。一些学校由于经济受限，难以普及机器人教育。因此，教师、学校，乃至教育主管部门应开发更多适合学生学习的普惠性机器人教学课程，加强区域合作，增强文登信息科技教育的竞争力，探寻一种低门槛、开放的机器人硬件，等等。

六、主要成果

几年来，我们取得了以下成果：

（一）搭建普惠性课程平台

文登区义务教育阶段信息科技骨干教师于 2019 年 1 月申请建立了"文

登少年信息科技学堂"公众号，结合五年级下册课本开设了 Scraino 栏目，为教师开展 Scraino 教学提供了很好的素材与资源。

公众号运营团队结合 C++、Python 等编程语言，开设了图形化编程课程，从模块化编程语言过渡到代码式编程语言，该系列课程以利用 Scratch 解决生活中的数学问题为主线，精选符合小学生认知水平和思维方式的案例。学生探究解题思路，初步理解算法，培养计算思维，为初中进一步学习 C++、Python 打好基础。

针对初中学段相当一部分教师难以驾驭 Python 模块教学的现状，我们开发了一套与教材内容配套的、简单实用的课程，以公众号文章的形式发布出来。

公众号运营团队结合 Cnstu3D 软件，开发系列微课，以具体案例为载体，从安装、建模、材质、渲染等方面介绍 3D 软件的用法，旨在培养学生的动手能力和创新能力。

截至目前，已开发以下 9 套教程：Scraino 基础课程、Scraino 综合应用案例、当数学遇上 Scratch 算法系列、Python 入门课程、Python 经典算法、AI 慧编程、Cnstu3D 创意设计、Micro: bit 创意智造、人工智能探秘，共计百余节微课。每周一课程以公众号文章的形式向全区推广，吸引全区中小学生加入学习行列。

（二）丰富核心素养培养策略

我们认识事物的过程是从简单到复杂，从具体到抽象，从感性到理性。

在实际教学中，教师可用动画直观地演示解决问题的过程，帮助学生理解所学内容，以培养学生的核心素养。例如，图形化编程教学，教师用动画演示填充正方形的过程，启发学生思考。学生从而得出，先用"Pen 画笔"模块，画一个红色正方形，然后逐渐减小正方形的边长，最终填满正方形。

课余时间，名师团队在 QQ 群、微信群中多次开展线上教研活动。通过名师共同体的云教研，我们探索出全新的培养策略——问题抽象化描述→形式化表达→构造方法和公式→编程自动化解决。

学生在深度学习过程中，围绕主题思考、分析、拓展，有效培养了信息科技学科核心素养。

（三）开发趣味创新课程

1. Scratch 编程创新课程

为了让学生系统、深入地学习 Scratch 图形化编程，我们以美国阿尔·斯维加特编写的《Scratch 编程乐园》为依托，设计了一套适合本土学情的编程创新课程，为区域普及编程课程打下坚实基础。

《Scratch 编程乐园》一书分为 9 章：开始 Scratch 之旅、太空中的彩虹线、穿越迷宫、灌篮高手、破砖英雄、贪吃蛇、水果切切切、行星终结者、制作一个更高级的跳台游戏，内容涉及科学、技术、工程和数学等多个学科。例如在"破砖英雄"中，要让球碰到球拍就反弹，需要综合运用跨学科知识来设计程序。

2. Arduino 机器人创新课程

Arduino 是一款便捷灵活、方便上手的开源电子平台，成本低，易维护，案例多。考虑到学生已有 Scratch 图形化编程基础，为便于学生迁移知识，我们采用了 Kittenblock 机器人编程软件，此软件的核心是 Scratch3.0，仅仅增加了 Arduino 硬件模块，学生容易上手。

为了让高年级学生深入研究 Arduino 开源硬件，我们开设了 Arduino 校本课程。首先制订具有前瞻性学习目标，课程内容涉及数学、科学等多个学科的知识，项目配套微视频，学生可以通过小组合作，自主探究，全面提升跨学科知识综合运用的能力。

信息科技教育是培养学生探究协作能力、创新实践能力及问题解决能力的重要载体。未来，我们会开发更多的小学信息科技创新课程，保障信息科技教育事业长远持续发展。

创新·融合·实践——信息科技课程的开发与实施

威海市鲸园小学　倪方梅

《义务教育信息科技课程标准（2022 年版）》明确提出，学校课程要聚焦中国学生发展核心素养，培养学生适应未来发展的正确价值观、必备品格和关键能力，全面落实有理想、有本领、有担当的时代新人培养要求。

鲸园小学立足育人目标，坚持与时俱进，聚焦科学技术进步的新成果，培养学生爱国情怀、社会责任感、创新精神和实践能力，重点进行了"CIP 创新素养"信息科技课程的开发与实施。下面从课程开发理念、课程依据、课程目标、课程结构、课程实施、取得成效六方面进行总结。

一、开发理念

以陶行知先生"生活即教育"的教育思想为指引，聚焦创意（Creative）、跨学科融合（Interdiscipline）、实践（Practice），即"CIP 创新素养"课程体系，以"做中学、用中学、创中学"为实践载体，进一步精选对学生终身发展有价值的课程内容，提升课程科学性和系统性，培养学生的信息意识、计算思维、数字化学习与创新、信息社会责任等核心素养。

二、课程依据

作为山东省人工智能教育试点学校，我校结合环翠区 4 项行动 3.0 版的总体要求，将人工智能课程纳入学校教学体系，为学生持续、全面发展奠定坚实基础。

本课程的设计遵循学生身心发展规律，体现学校"人文教育"办学特色，关注学校人工智能课程的建设历程，紧扣学校办学理念与育人目标，将"汲取传统文化的精髓，发展创新实践能力，涵养人文精神"确立为课程理念，以"基础性课程、拓展型课程、研究型课程"3类课程统整的方式，将人工智能教育特色课程融入义务教育小学阶段五年一贯课程。

三、课程目标

聚焦创意·跨学科融合·实践，开展以创造创新为输出的3类课程，培养鲸园学子必备的5项品格（人文底蕴、家国情怀、科创精神、责任担当、学有所长）和五大关键能力（学会学习、学会审美、学会运动、学会生活、学会创新），为学生未来发展奠基。

课程建设目标：优化"CIP创新素养"课程体系，以"计算思维"为研究方向，有机融合国家课程、拓展课程、项目化学习，提升人工智能课程建设质量。

课堂教学目标：深入实施以"问题导学"为核心的"三助三研"五步导学教学范式，探索跨学科项目化学习设计与实施策略，汇编具有创新性的人工智能课程、跨学科项目化学习典型案例成果。

学生培养目标：立足生活创新创造，通过学习国家课程和拓展课程，建立人工智能与学习生活的双向联系；在小组合作探究中学会解决问题的方法与思路，学会分享、合作、创新、创造，提升高阶思维与创新实践能力。

课程评价目标：设计课程、教师、学生三维评价体系，从方案、设计、备课、活动观察、成果展示、学生问卷调查等方面，全方位评价创新素养课程教与学情况。

四、课程结构

"CIP 创新素养"课程体系如附录·图 3 所示：

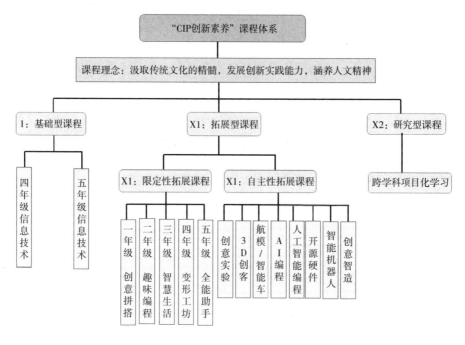

附录·图 3 "CIP 创新素养"课程体系框架

其中，"1"是"X"的基础，"X"是"1"的补充、延伸、拓展、深化。

1：基础型课程：指基于《义务教育课程方案和课程标准》设计的基础型课程，学校依托山东教育出版社出版的小学信息科技教材开展课堂教学工作，信息科技教师在充分调研学生学情的基础上，进行单元整合备课。

X：拓展型课程/研究型课程：指在基础型课程上延展出的，促进学生个性发展、创新发展的拓展型课程或研究型课程，是国家课程的校本化实施，均属于校本课程范畴。

X1：限定性拓展课程：结合学情、教学优势及资源开设的限定性拓展课程，在一至五年级逐级推进人工智能模块的学习，从硬件拼搭、初级编程上升到软硬件编程，提升学生基本数字素养。一年级学习"创意拼搭"，二年级学习"趣味编程"，三年级学习"AI 智慧生活"；四年级学习"AI 变形工坊"，五年级学习"AI 全能助手"，全面普及人工智能教育，培养学生的计算思维、创新能力。

X1：自主性拓展课程：面向各年级学生开设的自主性拓展课程，学生在每周四下午及社团活动时间，来到乐创空间学习人工智能编程、3D 创意设计、智能机器人、开源硬件、创意智造等课程，提升特长生的综合素养。

X2：研究型课程：聚焦学科大概念，综合运用多学科核心知识，选取与时代主题相契合的学习内容作为研究对象，指导学生运用研究性学习的方式，使用人工智能技术创造性地解决实际生活问题，进一步提升学生解决问题的综合能力和创意造物能力。

"CIP 创新素养"课程实施与评价如附录·表 2 所示。

附录·表 2 "CIP 创新素养"课程实施与评价表

类型	课程名称	课程时间	课程类型	课程载体	课程目标	课程实施	课程评价
基础型课程	信息科技	1 课时/周	必修	国家教材	提升学生数字素养。	经历"制订计划、设计方案、问题驱动、合作探究、展示汇报"五步教学流程，达成教学目标	学期总评成绩＝课时过程性评价＋专项练习评价
拓展型课程	"CIP 创新素养"必修课程：①创意拼搭（1 年级）②趣味编程（2 年级）③AI 智慧生活（3 年级）④AI 变形工坊（4 年级）⑤AI 全能助手（5 年级）"CIP 创新素养"选修课程：①创意实验（3—5 年级）②3D 创客（3—5 年级）③航模/智能车（3—5 年级）④AI 编程（3 年级）⑤人工智编程（4—5 年级）⑥开源硬件（3—5 年级）⑦智能机器人（4—5 年级）⑧创意智造（3—5 年级）	必修 1 课时/周　选修 2 课时/周	必修＋选修	优必选学本＋自编学本	1. 通过学习拓展类课程，提升计算思维与创新能力 2. 在问题情境中，尝试用软件控制硬件设备	实施校本必修课程和校本选修课程 校本必修课程：依据学校教育办学优势，逐级推进模块教学，一年级"创意拼搭"课程（校本课程，聘请校外培训机构施教），二年级"趣味编程"课程（校本课程，聘请校外培训机构施教），三年级"AI 智慧生活"综合实践 1 节，四年级"AI 变形工坊"综合实践 1 节，五年级"AI 全能助手"综合实践 4—6 节 校本选修课程：充分考虑学生年龄特征和兴趣特长，开展 3D 设计、智能机器人、人工智能编程等选修课程，根据"六选原则"（每周四），定地点（专用活动室），定时间（定内容），定教师（校内教师和校外辅导员），定方式（每学期末举办展示课），扎实推进创新素养教育	日常课程评价：每周课程普查，日常课程普查、抽查、期末学习成果展示 学生发展追踪即时评价：激励章即时评价、小书签评价、校长签名证书阶段性评名、人文素养成果展示性评价 例如，为表现突出的个人颁发"创意小达人"奖章
研究型课程	跨学科项目化学习	5 小时/周	选修	项目化学习课程	1. 提升数字素养及创新创造能力 2. 能够综合运用所学知识解决实实际问题	教师从社会热点事件、学生感兴趣的话题、显学科整合，反映社会（社区）生活等四个方面，凸面设置跨学科项目化学习主题情境。例如，校园雨水回收灌溉系统，我是智慧农场主，可穿戴式助力"双减"，监督牌，学生综合运用跨学科知识与方法解决生活中的问题	教师层面：推广项目，评先选优，学生层面：拓展性课程评价，参加各级各类比赛
校内活动	创客文化节	每年 10 月	成果展示				活动评价、过程性评价、终结性评价

五、课程实施

（一）"三助三研"五步导学模式

基础型课程及拓展型课程均采取单元教学模式，教师先结合学情研读教材，再制订教学主题和目标，最后编写教学设计方案。

我们开展了基于"教学评"一致性的深度备课研究，由教研组长做主备课人，进行树标课示范指导，带动组内教师共同实施以"问题导学"为核心的"三助三研"五步导学方案：情境创设、问题驱动、方法指导、合作研究、展示交流延展（见附录·图 4）。

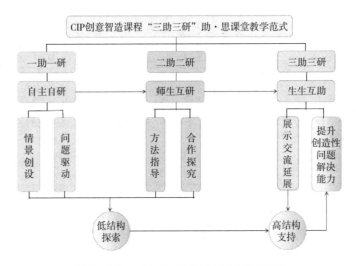

附录·图 4 "三助三研"五步导学流程图

自主自研环节：引导学生在真实情境中发现问题，自主探究。

师生互研环节：教师通过绘制流程图、提出"问题串"等方法引导学生理清学习思路；学生以小组为单位进行合作研讨、实践探索，教师有针对性地加以指导。

学生互助环节：小组展示、交流，对核心知识有更深刻的理解，有效提升综合运用核心知识解决问题的能力。

教师运用五步导学模式进行教学，着重培养学生思辨能力、创新精神。下面以三年级"AI智慧生活·智能机械手"一课为例，阐述"三助三研"五步导学模式在课堂教学中的应用。

1. 自主自研——情境创设、问题驱动

（1）情境创设：大家听说过"黑灯工厂"吗？下面请观看一段视频。

（2）问题驱动：黑灯工厂是怎样的一个工厂？在黑灯工厂里，机械手是怎样工作的？机械手的工作有哪些特点？

2. 师生互研——方法指导、合作探究

师生互研如附录·图5、附录·图6所示。

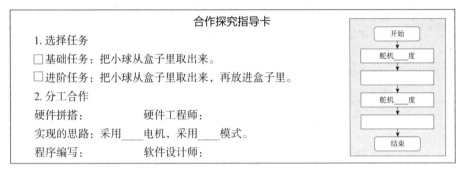

附录·图5　合作探究指导卡

```
工程师手册
1. 硬件工程师工作手册
A. 观察：舵机初始位置是否对齐 0 刻度。
B. 提醒：机械臂太长会降低压的力量。
C. 提醒：机器人太轻，工作会不稳定。
2. 软件设计师工作手册
A. 提醒：开关打开了吗？蓝牙连接了吗？舵机连接了吗？
B. 提醒：程序里的舵机有编号吗？
C. 提醒：程序里有循环的语句吗？
```

附录·图6　工程师手册

3. 生生互助——展示、交流、延展

（1）小组交流。硬件工程师和软件工程师相互交流，硬件拼搭和软件编程过程中出现的问题及解决的方法，小组互动。

（2）作品再完善，并添加自己的创意。

（3）成果展示、评价（见附录·表3）。

（4）体验黑灯工厂的工作车间。教师关灯，学生尝试用智能机械手工作。

附录·表3　小组学习成果展示评价量规

展示过程	优秀（5星）	良好（3星）	待提高（1星）
协同合作	团队成员互相交流，合理分工，整合思路，组员互相支持	团队不能独立开展研究，但努力尝试交流、探讨，取得一定进展	团队沟通和合作出现严重问题，对任务产生影响
交流表达	能大方、流畅地讲解小组设计方案	能清晰地讲解设计方案	即便在老师的引导下，也无法清晰地讲解设计方案
成果展示	能够取出小球，并把小球拿回来，不能动手操作，手要离开机器人，小球没有掉在桌子上	能够取出小球，掉在桌子上也可以 能够把小球拿回来，而不是掉在桌子上	小球取出时有偏差，掉在桌子上或掉在桌子下
优化方案	团队成员主动参加讨论，能适时调整、优化方案	团队成员能参加讨论，改进方案	即便在老师的帮助下，团队也不会优化方案

小组自评：共得　　颗星

（二）"三阶段、六环节"学习策略

我们探索"CIP创新素养"课程体系，进而形成"三阶段、六环节"教学策略。所谓"三阶段"，即第一阶段"入项课"、第二阶段"推进课"、第三阶段"展示课"；六环节，即项目化学习的六个维度，核心知识、驱动性问题、高阶认知、学习实践、公开成果、全程评价。具体如附录·图7所示。

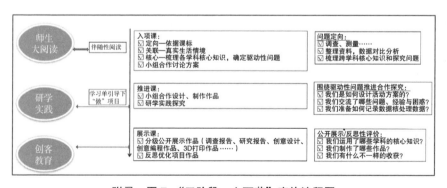

附录·图7　"三阶段、六环节"实施流程图

目前，我们围绕社会热点事件、学生感兴趣的话题、凸显学科整合、反映社会（社区）生活这四个方面创设了十余个跨学科项目化学习主题情境（见附录·表4）。

附录·表4　项目化学习主题统计表

项目类型	跨学科项目选题	学科项目选题		
		科学	数学	信息科技
社会热点	一、五项管理 可穿戴式助力"双减"监督牌 二、智慧防疫校园项目 1. 自动取口罩装置 2. 电梯自动消毒仪 3. 防疫鞋盒 三、中国空间站 我的强国梦	节能减排绿色之家	校园绿色达标了吗	智能机械臂
学生感兴趣的话题	1. 种子发芽的力量有多大 2. 酸奶涨袋了怎么办 3. 安全帽安全吗 4. 物联网AI	1. 自行车的结构 2. 乐器发声的秘密 3. 弹力玩具	1. 校园废纸的控制与回收 2. 布置班级	1. 人脸识别进家门 2. 手势相册 3. 智能家居物联
凸显学科整合	1. 我是智慧农场主 2. 屋顶花园	种子发芽了	我的展板我设计	智慧交通我设计
社会（社区）生活	1. 智能社区 2. 校园雨水收集灌溉系统 3. 如何让午餐更保温	冬暖夏凉的房子怎样设计	睡眠时间统计及管理	1. 垃圾智能化分类 2. 智能穿戴设备

上表中，"我是智慧农场主"一课融合了综合实践、劳动教育、信息科技、科学、美术等学科核心知识，教师对学科内容进行整合和情境化设计，以培养学生的批判思维和问题解决能力。下面就以"我是智慧农场主"一课为例，重点介绍"三阶段、六环节"的实施流程。

第一阶段——入项课。

基于真实生活情境，以各学科核心知识确定驱动型问题，引导学生通过伴随性阅读、探究性问题研讨、整理资料、进行调查、测量、数据分析等活动，小组合作讨论方案。

项目化学习初，各学科教师依据"学科整合"来源确定项目选题后，学校人工智能研究会召开研讨会，由科学教师牵头，综合实践、信息科技、数学、美术学科教师依据现行教材及课程标准，列举学科核心概念和核心知识。利用 KWH 工具等形成学科知识架构图。通过对学科交叉核心知识进行梳理，找到不同学科的连接点与整合点，建立跨学科核心知识间的关联与联结。下面是以 Know—Do—Be 为框架，建构的该项目的本质问题与项目目标。

项目目标：

学生将理解（Know）：理解地球上有生物、水、土壤、大气和岩石，天气变化、水与土壤对农田动植物生长和人类生活的关联与影响。

学生将掌握（Do）：基于人工智能因素下，管理植物生长、利用和改造自然等学科核心知识。

学生将设计（Do）：设计智慧农田管理的相关模型，实现农作物的增产。

学生将成为（Be）：具有跨学科领域核心知识和关键能力，拥有跨学科创新素养的"智慧农场主"。

本质问题：植物生长和人类活动的关联与影响。

驱动性问题：如果你是农场主，如何更好地管理自己的农田，如何提高农业产量？

入项课上，教师创设了"开心农场"招聘下一任的农场主的情境，学生带着"农场主"的角色进入模拟的真实情境，学生通过教师发放的 KWH 表格查阅资料、梳理已有知识体系和想要知道的问题，共同确立了驱动性问题"如果我是农场主，如何更好地管理自己的农田，如何提高农业产量？"，学生分组根据教师提供的"学习支架"和"评价支架"，合作确立了下一步的研究方向，设计以解决实际问题和制造"智慧产品"为驱动的"项目"活动计划（见附录·表5、附录·图8）。

附录·表 5　"我是智慧农场主"KWH 量表

关于智慧农场或提高农作物产量我已经知道了什么?（Know）	关于智慧农场或提高农作物产量我还想知道什么?（What）	我想用哪些方法来管理农场,或采用哪些方法提高农作物产量呢?（How）
通过交流、思考,我们小组决定打造智慧农场的方法是:		

1. 植物的生长离不开水分,如何确保植物有充足的水分供给呢?	土壤湿度传感器、水泵、继电器 → Arduino 编程	自动灌溉系统
2. 光合作用帮助植物健康生长,如何在室内环境也让植物拥有足够的光照呢?	光线传感器 → 光线不足时补红光	自动补光系统
3. 空气的温度和湿度也会影响其生长,如何检测空气温湿度,并帮助植物营造合适的生长环境呢?	温湿度传感器、舵机 → 自动降温、通风	自动降温、通风系统
4. 如何远程监控植物的光照强度、空气温湿度等各项数据?	掌控板、手机 → 物联网	远程检测系统
5. 气候对植物生长有什么影响?怎样建立气象站方便观测?	掌控板 → 心知天气	气象站
6. 实现这些功能需要哪些硬件?如何构造外观?	掌控板、优必选、开源硬件 → 工程与技术	外观设计

附录·图 8　"我是智慧农场主"跨学科项目问题链支架

第二阶段——推进课。

围绕驱动性问题,小组合作设计,在学习单引导下做项目,参加研学实践活动,设计智造作品。项目推进过程中,各学科教师依据"目标—要素—工具—评价"的教学设计思路,以"真实问题情境—实践体验—优化设计—创新智造—评价修正"的过程来引导学生经历高阶认知,开展深入的实践探究,不断尝试进行问题解决。

（1）对项目进行整体设计。走进七彩虫创客研学基地,体验"智慧农业",感受大自然和科技融合的魅力,并对项目需求进行分析,在科学课上了解农业与生活的关系,以及未来农业的发展趋势;在信息科技课上学习掌控板编程的基础操作;在美术课上练习农作物画法,多学科融合为研学做好充分的准备。

自愿组队,选择任务,组长组织小组成员根据项目需求,分析流程,讨论、设计流程图,明确分工和任务。

（2）学生利用支架进行自主学习、合作探究,解决问题。

（3）评论与修订。阶段项目问题交流,引导学生通过展示交流,互相讨论,对小组的分工合作,模拟作品的性能等方面进行评价,并提出合理化建议。小组进行反思,修改完善作品。

第三阶段——展示课。

各小组在前期合作探究、设计制作的基础上,以调查报告、研究报告、创意设计作品、3D打印作品等方式进行分级公开展示作品,师生互评,反思改进作品。下面展示"我是智慧农场主"跨学科项目化学习成果。

部分同学发言稿如下:

1. 光合作用

毕同学:老师、同学们大家好,绿色植物的生长离不开阳光,我们在科学课上学习了植物的光合作用原理,延长光照时间是提高农作物产量的有效方法,于是,我们设计了光照控制系统,根据大棚内亮度变化,开启光照灯。

互动:老师们知道什么光最有利于植物生长吗? 是红色光,因为红色光有助于叶绿素进行光合作用。

胡同学:作为智慧农场主,为了更方便监测智慧农场里的光照情况,随时随地查看棚内数据变化,我利用物联网技术把掌控板和手机联网,在手机上能远程监测光照情况，光线不足时自动补红光。

2. 通风降温

戚同学：植物的生长除了光照还需要合适的温度，温度高了怎么办呢？我设计了大棚的天窗，温度过高时就会自动开启。但是炎热夏天开启天窗棚内温度依旧很高，怎样进行有效降温呢？

王同学：我设计了降温风扇，温度传感器监测到温度过高，风扇自动打开，帮助棚内空气流通循环，温度合适时风扇会自动停止。

3. 灌溉系统

邱同学：植物的生长有了合适的光照和温度，还需要生命之源——水，所以我设计了智慧农业自动灌溉系统。湿度传感器去监测土壤的水分，水分不足时，水泵里的水自动流出灌溉植物。

4. 气象站

高同学：气候对植物生长至关重要，恶劣天气会对农作物带来极大的危害。我制作的这个气象站可以提前预报天气变化，调控棚内植物生长条件。这样就能减小恶劣天气对植物生长的危害，减小农民伯伯的财产损失。

5. 监控机器人

王同学：悟空监控机器人在农场内巡逻，它能进行人脸识别，看见陌生人会发出"非法入侵，及时远离"的警告，如果看到主人，会欢迎。防止农场内财物被偷盗，保障主人财产安全。

"我是智慧农场主"项目聚焦"以创造创新为输出"的基本点，甩绕"我是智慧农场主"跨学科项目驱动，运用跨学科概念的理解、分析、运用与创造解决真实情境问题和制造"智慧产品"，创造性地解决问题，了解并运用现代化技术满足人们生产生活的需要。这些成果让我们看到了学生对整个问题情境探索的结果，在跨学科项目化学习中创造性地解决问题，成果中包含对所涉及相关学科概念的理解、分析、运用与创造。

通过跨学科项目化学习，学生经历了整个问题情境探索的过程，对所涉及相关学科概念产生了进一步的理解、分析、运用，小组合作创造性地解决问题。

（三）保障措施

1. 开放体验式乐创空间

"乐创空间"有三间计算机教室（编程普修教室，3D创客教室，人工智能教室），三间创新实验教室（一间为机器人活动室，一间3D打印及激光雕刻室，一间航模活动室），两间学生活动室（一间为开源软硬件活动室，一间为优必选硬件活动室），一个开放互动体验的智创大厅，实现跨时间、跨空间、跨学科地全方位满足人工智能个性化学习需求，实现对学生创新学习、创新思维、创造输出能力的培养。

2. 人工智能普及教育师资力量

一是外出培训。教师是课程建设与实施的主体，学校构建了促进教师专业发展的支持制度，每学年至少2次派老师外出学习，鼓励教师向专业化方向发展。

二是成立了"人工智能骨干研究会"，由信息科技辐射到科学、综合实践等其他学科，每学期初制定研究计划、每月研究会成员定期研讨交流，及时发现项目化实施中的相关问题期研讨，学期末进行研究会交流展示。

（四）课程评价

根据学校三类课程实施方案，深化课程评价、教师评价与学生评价三级评价机制（见附录·表6）。

附录·表6　鲸园小学课程评价量表

评价等级	具体评价项目及要求	评价指标
一星级	课程目标合理，内容具体，策略可行，有课程纲要与讲义（或学本）	学生选课人数达30人，教师按计划完成教学，40%的学生对所选课程感到满意
二星级	课程目标制订适切，内容编排合理，课程纲要体现课程开发的原则，有完整的讲义（或学本）	学生选课人数达30人，学生按计划完成学习，50%的学生对所选课程的学习感到满意
三星级	课程目标制订适切，内容编排合理，并能根据教学实际进行调整与补充；课程纲要有内涵（目标－评价－教学体现一致性），讲义资源丰富	学生选课人数达30人，学生学习富有成效，60%的学生对所选课程的学习感到满意

1. **课程评价**

探索基于课程目标、教学方案、教学过程及评价结果为改进服务的课程评价方式，设计评价量规。通过每周课程跟踪评价、定期推介课程、每学期项目成果展示，推动创新素养课程建设。

项目化学习课程评价标准如附录·表7、附录·表8、附录·表9所示。

附录·表7　鲸园小学"项目化学习"课程评价标准

一级指标	二级指标	评价标准
项目化学习方案	项目描述	从本单元在课程中的地位和作用、学生已有知识基础、学习重点和难点等方面进行分析，语言简练，逻辑清楚，分析透彻有与学科拓展学习相关联的资源、开发教师是否具有一定的专业资源、是否挖掘社区与家长资源等，归纳和梳理课程的开发依据，以保证课程发展的长远性和方向性，体现思想的前瞻性
	项目目标	项目目标明确具体、合规可行、可操作性强，可测性强，叙写规范，一般3~5条，每一条都能体现三维目标的具体内容。目标具有科学性、导向性、适切性和创新性
	项目设计	能基于单元目标，设计评价任务，评价任务与目标一致，能为目标提供所需的行为表现（证据）。学习活动设计与安排聚焦单元学习目标达成，有明确的项目化实施路径，学习方式多样；学生学习方法选择体现自主性、开放性、实践性
备课	课时数量	课时数量要与项目化学习方案中的学习活动安排相一致
	教学评一致性设计	课时目标设计体现与项目化学习目标一致性，关注学生的差异，有助于学生个性发展；能基于课时教学目标，设计评价任务，评价任务与目标一致，能为目标提供所需的行为表现（证据）教学环节清楚，关注核心问题和阶段总结提升的设计；预设的评价任务必须镶嵌在教学过程中，而且安排合理；学习活动设计与安排聚焦课时目标达成，学习方式多样；凸显学生在课堂中高阶思维的培养
项目化学习量规		评价要以开发与实施过程为主线，与课程目标相匹配，以促进学生发展为目的，凸显表现性评价和成果性评价的功能
学生学业过程性资料	学习任务单	学习任务单、项目学习方案及备课设计一致，创新教学方式，精心设计问题，动态把握教学过程、学习评价
	合作学习过程性	课程管理规范，有点名册，记录清晰、真实，客观反映学生课堂参与率
	项目评价	学生自由展示原创作品

附录·表8 鲸园小学"项目化学习"测评与现场关联度评定表

指标		课堂观察	项目展示	教师访谈	问卷调查	
一级	二级				教师	学生
课程思想力	思想的前瞻性					
课程设计力	方案的合规性					
	举措的操作性					
课程执行力	实施的有效性					
	专业的学术性					
课程评价力	目标的导向性					
	评价的科学性					
	改进的适切性					

附录·表9 鲸园小学"项目化学习"测评与文本关联度评定表

指标		项目化学习方案	备课	项目化学习量规	学生学业过程性资料		
一级	二级				学习任务单	合作学习过程性资料（作品/研究报告）	项目评价
课程思想力	思想的前瞻性						
课程设计力	方案的合规性						
	方案的创新性						
	举措的操作性						
课程执行力	实施的有效性						
	专业的学术性						
课程评价力	目标的导向性						
	评价的科学性						
	改进的适切性						

2.教师评价

依据日常培养成效（即常态课、研究课、公开课，以及每日督查、学科教师评价等同步评价）进行教师常规评价，成绩纳入教师个人考核之中。

3. 学生评价

学生评价在"激励章即时评价→小书签升级评价→校长签名证书阶段性评价→人文素养成果展示性评价"四级激励性评价的基础上，积极探索学生全程发展性追踪评价，采用成果导向的评价机制实现结果评价与过程评价相结合，鼓励同伴互助互评，为表现突出的个体项目团体颁发"学习小标兵"和"合作学习优秀团队"，激励学生学习兴趣，提升创新创造能力。

六、取得成效

"CIP 创新素养"课程让学校、教师、学生在教学、实践中探骊得珠，成效显著。学校、教师课程领导力进一步提升。我校被评为威海市教科研先进集体，"基于项目化学习的小学数理课程的行动研究""小学跨学科项目化学习课程构建的行动研究"被立项为省级课题，"融创智能""CIP 创新素养"拓展课程被评为环翠区优秀拓展课程一等奖，"基于项目化学习的小学数理课程建设"典型经验在环翠区提升课程领导力推进会上进行展示，教师在各级各类报纸、杂志发表研究作品，近两年学生有 50 余人次在各级科技创新比赛中获奖。项目化学习正不断推动学校人文教育的内涵特色发展，实现人文教育生态良性发展的新跨越。

小学编程校本课程的开发和实施研究

威海市文登区大众小学　郑续玲

一、背景和目的

（一）研究背景

2017 年，国务院印发《新一代人工智能发展规划》，提出"实施全民智能教育项目，在中小学阶段设置人工智能相关课程，逐步推广编程教育"。

2018 年，教育部进一步明确，要"构建人工智能多层次教育体系，在中小学阶段引入人工智能普及教育"。

学校在 2016 年 5 月，派出骨干教师去南京参加第一届全国创客教育年会，老师们看见大城市的孩子用搭积木的方式实现自己的创意，怦然心动：这么前沿的教育，我们的孩子为什么接触不到呢？回来后购买国内外编程书籍，认真钻研，并在学校开展校本课编程教学实践。

（二）研究目的

在小学阶段，通过图形化编程软件学习，了解人工智能的编程基础知识，激发学生学习、探索人工智能的兴趣，形成智能社会信息意识，提升计算思维能力和创新能力，培养智能社会责任感。

二、校本课简介

自 2016 年以来，学校利用校本课、寒暑假、周三无作业日、课后托管等时间，以微课在线学习和课堂教学相结合，开展图形化编程的校本课实践与研究，有四项教育方案获得国家级、省级、市级奖项，一项国家级课题立项，三项编程省、市级课题结题，20 多篇原创编程案例发表在国家级、省级刊物上，学生获得省级以上奖项 40 多项，通过不断的校本课实践与研究，编程校本课经历了从游戏设计、学科整合、探索计算思维训练方法到人工智能四个阶段。学校引入全国编程等级考试平台，每年进行四次编程等级考试，借助国家考试平台，对学生的学习进行等级评价。

三、实施过程与措施

自 2016 年以来，编程校本课的实践与探索经历四个阶段：一是从玩游戏到编游戏；二是编程与学科整合；三是探索计算思维训练模式；四是编程走向人工智能。这四个阶段是呈螺旋上升，不断前进的探索过程。

（一）从玩游戏到做游戏

2016 年 12 月，学校召开三四五年级的班主任老师，组织学生参加寒假编程训练营。一呼百应，不到一周，学校聚齐了 347 名同学，加入编程群。家长自发为学生团购了 220 本《初级培训手册》。老师着手计划寒假编程学习的方式和方法，把手册上的每一课内容落实到每一周，并通过发布群作业，把作业内容和作业案例发到群共享，让学生下载并参考完成。学生开始不会，在群里面提问，老师都是有问必答，不分昼夜。

在学习过程中，学生把作业发到 QQ 群中，同学们都可以相互看到、相互评论、相互学习，可以为自己喜欢的作品点赞。老师们对学生的评价主要是三看：一看学生学习兴趣，是否学完所有课程；二看学生提交的程序，是否完整，是否成功执行；三看作品是否进行了创新。对完成初级学习手册的同学颁发趣味编程初级证书，对完成手册学习又进行创新的同学，颁发趣味编程中级证书。

寒假结束，学校把编程活动方案《利用云平台开展寒假编程训练营活动》整理出来，参加了山东省青少年科技创新大赛，经过现场专家问辩，在全省200个科技辅导员项目方案中脱颖而出，被评为一等奖。学校还挑选了部分学生寒假创作的作品，参加山东省中小学电脑制作活动比赛，有9名同学的作品获奖。

在这个阶段，我们第一次尝试利用假期组织学生学习编程，以往有的学生假期沉迷玩游戏，现在跟着老师利用假期学习编游戏，赢得家长的好评，还培养了学生的创新能力和计算思维能力。

（二）编程教育与学科整合

学生学完入门课程后，有了一定基础，产生浓厚兴趣，老师们便适时选取各学科思维训练点为切入点，设计有探究意义的课程，让学生主动探究，体验成功的乐趣。在实施的过程中，秉承趣味化、活动化、主题化的原则，将编程课程与学科训练有机融合，将动漫设计与故事情节巧妙搭配，让情景创设与知识巩固相得益彰，激发和发展学生的兴趣爱好，挖掘他们的潜能，让学生在学习的过程中有声有色、有滋有味。下面举几个与学科融合的小例子：

1. 编程游戏与数学计算融合

从数学计算的角度出发设计课程，结合学生喜欢玩植物大战僵尸的兴趣点，设计了植物大战僵尸口算练习程序。学生运用数字运算规律来消灭纷至沓来的数字"僵尸"，调动了口算热情，取得了较好的学习效果。

2. 动漫设计与故事情节巧妙搭配

从语文作文训练角度出发，设计寓言故事新编《狐狸与乌鸦》，学生依据文本内容，设计生动形象的动漫角色，流畅地演示故事内容。期间，既要考虑人物的出场顺序、方式，又要考虑各个角色的停留时间、语言形式，以及画面色彩、构图技巧等，事无巨细。学生很好地构思、排序、组合，提升了逻辑思维能力。

3. 情景创设与知识巩固相得益彰

从打字能力的训练角度出发，学生编程设计字母训练小程序。程序情景是让26个字母随机从屏幕上方下落，此时如果及时、准确地按下键盘对应的字母，则屏幕上的字母就会消失。这样的情景设计引领学生思考，如何利用键盘按键来控制程序执行，在程序设计中体验了"过程与控制"思想。

（三）探索计算思维训练模式

当学生遇到困难时，教师通过巧妙利用动画，直观演示解决问题的过程，通过形象化的演示，引领学生提升计算思维核心素养。如利用动画演示正方形的填充过程（见附录·图9）：

附录·图9　动画演示效果图

通过动画演示，启发学生思考，从而发现结论：设定正方形边长，画出红色正方形，逐渐减小正方形边长，一圈又一圈地填充正方形。经过教研、实践，探索出有效的计算思维训练模式，即：出示题目引发思考—提炼问题关键要素→流程图表达思路→构造思维模型→编程自动化解决。

（四）创意编程走向人工智能

2020年学校编程开始探索人工智能的新方向，主要有以下措施：

1. 精心构思、开发专项课程

借助文登区名师成长共同体的教研力量，利用QQ群、微信群，针对开发微课中的关键问题，开展线上云教研。2020年12月开始着手选择软件平台、制定课程计划、课程思路，在寒假期间，开发了40节人工智能专项微课。

2. 针对疫情、探索居家教学模式

2020年，因为新型冠状病毒感染疫情暴发，全校师生"居家隔离、停课不停学"，成为这个超长寒假的学习常态。在这种疫情防控居家学习的模式下，学校编程QQ群就发挥出它特有的优势，"云"学习、"云"分享、"云"创造，已经形成我校固定有效的学习模式。在疫情防控期间，利用云平台，普及人工智能编程专项教育，是自疫情居家学习开始到现在一直实践和研究的内容。面对新的形式，学校们解决了以下问题：

（1）随着新生的加入，设置分层系列课程，让不同基础的同学都有收获。

（2）针对居家条件设计人工智能专项课程，整合初中小学名师力量，线上教研，开发课程。

（3）利用公众号发布课程，方便城乡学生居家学习。

3. 探索深度学习策略

深度学习是人工智能的基本特征，也是编程教学的重要方向，如何让编程校本课走向深度学习？我们探索实践了以下措施：

（1）链接生活情境，创设挑战性任务。如对"打地鼠"一课进行创编，链接到生活情境"垃圾分类"。国家对环境保护的重视及各级各类教育部门对垃圾分类的宣传，使学生对垃圾分类有一定认识，但是对于生活中某一种垃圾，例如"牙刷""陶瓷碎片"等还不明确属于哪一类垃圾。威海市人民政府颁布了《垃圾分类管理实施办法》，自2020年7月1日开始在威海市内实施垃圾分类，所以有必要对这一内容在课堂上进行德育渗透。学生不仅仅要知道如何保护环境，还要学会利用信息科技工具来创新生活，更好地保护环境。

（2）思维可视，让思维外显促深度学习。思维本身并不是可视的，使用流程图帮助学生培养计算思维是非常重要的。例如，"智能捡垃圾"一课中，用流程图梳理角色的工作步骤（见附录·图10）。

附录·图10 "智能捡垃圾"流程图

（3）高质量问题情景，促进深度学习。根据教材内容和对学生的分析，设计高质量的问题情景，是深度学习的一个关键步骤。从"密室闯关""推理破案""小垃圾大考验"三个课例来看，情景来源于学生的学习和生活，学生兴趣高，亲身体验和探究的环节多，通过亲身体验和深度探究，促进了深度学习，目标达成度高。

四、探索在校本课中开展的有效经验

（一）探索出开展编程教育的最佳组织形式

最佳组织形式：校本课＋网络云课堂相结合，实施线上＋线下立体化学习。线下校本课和课后服务时间，集中讲授突破重点，线上利用QQ这种不受空间和时间限制的云平台，组建"网络大课堂"，让几百名同学云学习，云分享。

（二）探索出开展编程教育的最佳课程形式

最佳课程形式：课程则是以微课的形式发布，每节5分钟左右，是最有效的学习方式。

以上两点经过实践验证，确实有效，根据此撰写的教育方案《利用云平台开展编程寒假训练营》，在 2017 年获得山东省青少年科技创新大赛一等奖，全国青少年科技创新大赛三等奖。

（三）确立了开展编程教育的四级课程体系

入门级课程是以游戏为主，学生从玩游戏到编游戏，让学生学会思考，学会创作。

初级课程是将学科知识和编程整合，激发学生学习兴趣，培养学生创造力。

中级课程以高难度的作品为导向，提升编程水平和参赛能力，通过比赛培养学生自信，让学生在省市、国家级比赛中崭露头角。

高级课程是将编程与人工智能知识整合，通过编程让小学生体验人工智能应用，提升人工智能核心素养。

课程方案多次获得全国、省级、市级青少年科技创新大赛奖项，骨干教师自己撰写的课程案例也有 20 篇发表在《中国信息技术教育》《少年电脑世界》等省级以上刊物上。

（四）探索出计算思维训练的有效教学模式

老师们通过巧妙利用动画，直观演示解决问题的过程，提升学生计算思维能力。学校探索出计算思维训练的有效途径，形成下面的计算思维训练模式：即：出示题目引发思考—提炼问题关键要素→梳理流程外显思维→构造思维建立模型→编程自动化解决。

（五）探索出有效的人工智能居家教学模式

疫情防控期间，在文登区教研中心的组织下，探索出有效的人工智能居家教学模式：即跨学段名师云教研—开发分层课程—公众号发布—各校组织学习—反馈结果评价课程。此方案获得 2020 年威海市网上教学工作案例一等奖，并发表在 2021 年 9 月下半月的《中国信息技术教育》。

（六）取得成效

四年来，学生在市级科技节、省级创客大赛、国家级电脑制作活动、全国中小学生创意编程与智能设计比赛等多项比赛中获奖几十人次，教师原创发表教学设计 20 多篇，学校获得十几项编程相关荣誉，六项和编程有关的省市级课题立项结题。

编程是一种能充分调动少儿创造力的探索性实践活动，是真正的"脑力冲浪"！在创意编程中，孩子们像导演一样设计大纲，像工程师一样构造逻辑严密的程序，像一个艺术家一样对图像声音进行美化。教育专家强调：保护孩子的好奇心，培养他们的求知欲非常重要，学习编程正是为了这个目的。

农村小学普惠型 STEM 创新课程的建设与推进

威海市文登区高村小学　邵帅

一、背景和目的

（一）STEM 教育

STEM 是科学（Science）、技术（Technology）、工程（Engineering）数学（Mathematics）四门学科英文首字母的缩写。STEM 教育作为跨学科综合教育的有效形态，更容易激发学生的学习兴趣，培养学生综合素质，促进学生进行协作学习、混合学习和深度学习（见附录·图 11）。

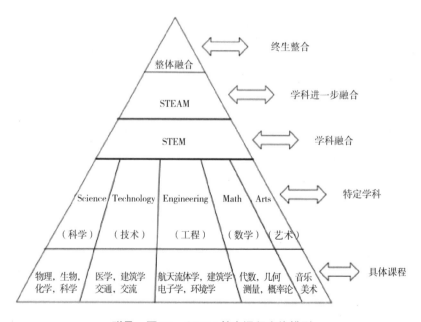

附录·图 11　STEM 教育课程实施模型

STEM 教育旨在培养拥有创新精神和辩证思维的人才，能够促进教师在教学过程中更好地组织跨学科教学，鼓励学生运用跨学科知识和技能解决实际问题，实现能力提升和自我突破。

近年来，我国为强化 STEM 教育出台了多项政策。我们历经三年探索，打破传统教育的学科和时空界限，将 STEM 教育融入学校教育体系。

（二）研究目的

STEM 教育对于传统教学来说是一个新领域，在我国还处于初步探索阶段，农村学校对于推进 STEM 教育尚缺乏可供借鉴的经验、方法和教学设计支架。我们针对 STEM 教育的本质理解、课程构建、实施方案、教学策略等方面，主要解决了如下问题：

1. 剖析 STEM 教育本质

STEM 教育不是信息技术、自然、劳技课的替代品，部分教师为了达到跨学科融合的目标，机械、生硬地将多学科知识进行混合讲解。而 STEM 教育是一种以项目学习、问题解决为导向的课程组织方式，不同于创客教育，创客教育重点强调一种创造创新的精神，把想法变成现实，STEM 教育则注重多学科融合，基于项目式教学循序渐进地提高学生的综合素养。

2. 构建 STEM 教育课程群

目前，我国 STEM 教育存在缺少教学目标及学习评价的指引、缺乏校本教材及教学资源的支撑、缺乏专业教师的讲授等障碍。国内外 STEM 课程案例并不能直接引入实施，一些内容不适合农村学校的学情、校情，因此，我们成立教研小组，聚合农村 STEM 教育资源，创生出体现农村特色的 STEM 教育空间，构建本土化 STEM 教育课程群，将 STEAM 教育精神彻底融入学校文化。

3. 探究 STEM 教育实践策略

STEM 教育旨在通过实施跨学科融合教育促进学生全面发展，培养学生的自主学习能力和终身学习能力及适应社会发展需要的关键技能。我们深入探究了农村小学 STEM 教学实践策略，为学校全面推行 STEM 教育提供方法指引。

4. 培养学生核心素养

STEM 教育更注重潜移默化引导学生像科学家一样思考，像发明家一样去创造，我们通过实施 STEM 教育课程，总结出一套能够提升学生创新能力、解决实际问题能力的策略，对培育和提升学生核心素养有极大帮助。

二、研究过程与方法

（一）基础：Scratch 图形化编程校本课程

编程将是未来世界的通用语言，通过培养编程思维来强化学生的综合能力已是教育领域的一大趋势。

少儿编程软件 Scratch 是由美国麻省理工学院开发的一种开源图形化编程工具。作为儿童初步接触编程的重要工具，Scratch 具有以下优势：

1. 操作方便

首先是安装方便，离线版只需一次性安装，不用安装其他软件。运行方便，只要点击"绿旗"就可以运行程序，发现错误及时修改并完善作品。

2. 程序封装

在 Scratch 中学生不需要学习程序设计结构，也不用"敲"代码，所有代码块都是按照功能进行封装的。这样的编程方式与小学生从具象到抽象逐渐过渡的思维特点相吻合。

3. 趣味体验

首先，Scratch 界面色彩丰富，不同功能的代码块颜色、形状都不一样，学生拼接代码块的过程既简单又有趣，这大大提高了学生的学习兴趣。

我们设计了 8 个基础项目，共 15 节课，每节课 1.5 小时，通过这些项目帮助学生认识 Scratch 的各大功能块。在学习过程中，学生综合运用数学、科学、技术等学科知识，培养了编程思维、计算思维等多种能力。

下面以"水果切切切"项目为例，说明 Scratch 图形化编程课程的实施流程：

项目简介：

《水果忍者》是一款非常受欢迎的游戏，发布于 2010 年。在该游戏中，水果随机地抛向空中，玩家需要在水果落地之前切开水果。

学习目标：

①会用绘制背景工具。

②学习使用运算模块积木，熟悉积木的叠加。

③学习链表概念及应用。

④通过在编程知识中融入数学元素，培养逻辑思维能力。

⑤根据框架文件，补充程序，完成项目。

知识链接：

①编程知识：

新建链表的定义：一种存储数据的方式，区别于变量。

新建自定义功能块：完成"画轨迹"模块。

侦测模块的应用：当碰到鼠标画出的轨迹时，水果切换造型。

造型更换的应用：每种水果有完整和切开两个造型。

理解"调用"和"定义"的区别。

②数学、科学、工程知识：

为随机出现在舞台上的水果角色添加代码，水果在屏幕中，是以抛物线的形式出现，需要设定 X、Y 两个速度变量（见附录·图 12、附录·图 13）。抛物线广泛应用于数学、科学和工程领域。

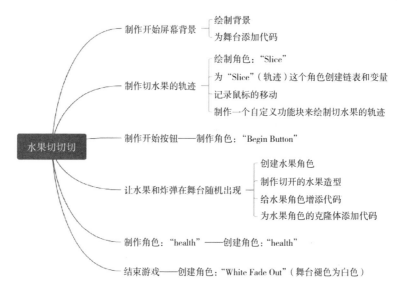

附录·图 12 "水果切切切"思维导图

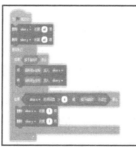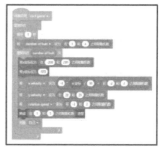

附录·图 13 "水果切切切"部分程序设计图

（二）进阶：从趣味编程走向趣味创造

1. 从趣味编程走向趣味创造

经过 Scratch 基础学习后，学生基本熟悉了 Scratch 的界面、各个代码块的功能，目前课程安排大多是让学生在屏幕上面操作。为了让学生"跳出"屏幕，从趣味编程走向趣味创造，我们引入了机器人编程软件 Kittenblock，这是一款将 Scratch 与硬件相结合的编程软件，软件核心是 Scratch，内置了 Arduino 开发工具和机器人相关的数据库，既方便了学生的知识迁移，又可以让学生接触硬件搭建，提升工程设计意识（见附录·图14）。

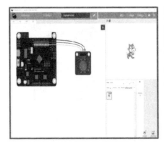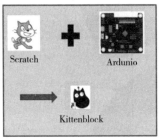

附录·图14　Kittenblock 示意图

下面以避障小车项目为例，介绍课程实施流程：

①器材准备：巡线机器人、超声波模块、Wi-Fi 模块。

②避障小车的功能：将超声波传感器装备到小车上，点击 Kittenblock "距离"模块，就会显示超声波和障碍物之间的距离，以这个距离作为判断条件，去控制小车的马达转向。

Wi-Fi 模块，可以直接插到主板上面，连入路由器。方法是在手机上下载 Kittenbot App，它可以将 Wi-Fi 模块一键连入路由器，可以当机器人的遥控器（见附录·图15）。

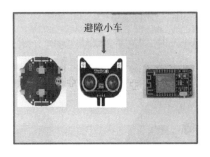

附录·图15　避障小车功能模块示意图

③避障小车程序设计如下所示（见附录·图16）。

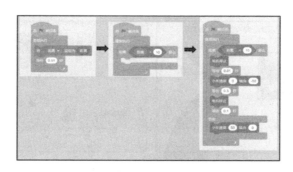

附录·图16　避障小车程序设计图

2. Arduino 开源机器人创新课程多维度提升学生素养

如今，我国频繁开展机器人竞赛，参加者必然会接触各种电子元件，但是小学生没学过物理，不了解电路的原理，可是图形化编程并没有这一限制，初步探索 Arduino 也是为了锻炼学生的动手实践能力，加强学生对硬件的认识。

Arduino 是一款开源电子平台，为了方便学生进行知识迁移，我们引入 Arduino 专用编程软件 Mixly，这同样是一款图形化编程工具。

我们共设计了三个 Arduino 硬件学习项目，共 20 节课，每节课 1 小时，配有方便学生自主学习的微视频。

下面以项目 3 智能小车中"遥控小车"为例介绍：

①认识 Arduino 套件中的遥控器（见附录·图17）。

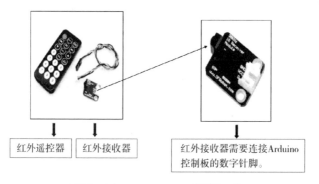

附录·图17　Arduino 遥控器配件

②遥控小车的功能。当我们按下遥控器"2"号键，小车前进；按"4"号键小车左转；按"6"号键小车右转；按"8"号键小车后退；按"红色"按钮小车停止运行。

③遥控小车器材准备。具有 Arduino 控制板的小车、遥控器套件、锂电池。

搭建遥控小车需要将红外接收器连接到 Arduino 控制板的 8 号数字针脚，小车需要连接锂电池。

④遥控小车程序编写。程序编写软件是 Mixly，如果使用遥控器套件需要进行解码，运行解码程序可以得到遥控器按键的对应数值。解码程序如下所示（见附录·图 18）：

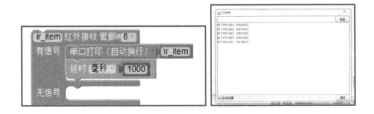

附录·图 18　解码程序示意图

我们得到这些数值后，就可以编写遥控小车的程序了。

⑤程序的流程图如下所示（见附录·图 19）：

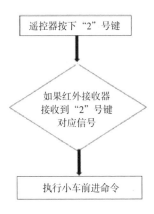

附录·图 19　命令流程图

⑥根据该流程图我们得到对应程序（见附录·图 20）：

附录·图 20

⑦遥控小车完整程序如下（见附录·图 21）：

附录·图 21　遥控小车完整程序

（三）高阶：项目式学习

项目式学习主要由项目、活动、情境和结果四大要素构成，项目主要来自生活中的真实问题，要与学科核心概念相结合，学生通过项目的完成建构出学科知识体系。在完成前两个阶段的学习后，学生养成了基本的编程素养，对编程产生了强烈的学习欲望，逻辑思维和动手能力也有了一定提升，可以尝试开展某个项目的规划设计工作。

下面以"寻宝机器人"为例介绍项目式学习具体流程：

项目介绍：

设计一个能自主控制的机器人，设计相应的策略使机器人在复杂的场地环境中躲避障碍、收集模拟的宝藏并且放入仓库。同时要在同一场地中与执行同样任务的另一机器人竞争。

学习目标：

了解寻宝机器人的主要功能。

根据寻宝机器人功能需求，找到机器人所需的电子元件——光电电子元件和触碰电子元件，并掌握这两种电子元件的使用方法。

设计具备寻宝功能的机器人，搭建机器人，填写程序流程图（见附录·图22）。

根据程序流程图设计、测试程序，进行寻宝实战（见附录·图23）。

知识链接：

硬件知识，光电和触碰传感器的应用；编程知识，重复执行代码块和条件语句的综合应用。

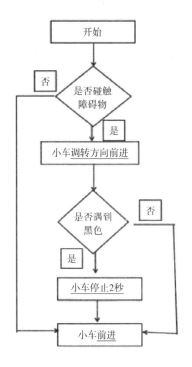

附录·图22　"寻宝机器人"程序流程图　　附录·图23　"寻宝机器人"程序设计图

三、实施过程与措施

（一）创新课程的设计

STEM 教育作为跨学科综合教育的有效形态，其重要性已被世界各国广泛认知。2017 年，中国教育科学研究院发布《中国 STEM 教育白皮书》，文中指出面对狂飙突进的科技创新浪潮，中国应凝心聚力、创造时机，探索一条有中国特色的 STEM 教育发展道路。

我们认为，农村小学不宜直接引用国内外 STEM 教育课程，这会导致课程偏向知识层面的探索，难以提升学生核心素养。我们根据农村小学学情、校情，开发了一系列 STEM 教育创新课程。

1. Scratch 编程

2018 年，山东省小学信息技术五年级引入了 Scratch 图形化编程。学校基于 STEM 教育理念，开设"创客之家"，寻找实施 STEM 课程的切入点，以《Scratch 编程乐园》一书为依托，开发了一套 Scratch 编程创新课程（见附录·图 24）。该课程涉及科学、技术、工程和数学等多学科知识。

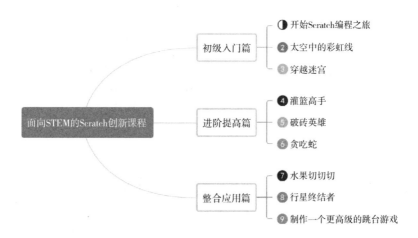

附录·图 24 面向 STEM 的 Scratch 创新课程思维导图

2. Arduino 机器人编程

目前，我国机器人教育多以竞赛为导向，兼容和普及面都比较狭窄，我们设计的 Arduino 机器人编程课程成本低、易维护，由于开源，案例也较多（见附录·图 25）。

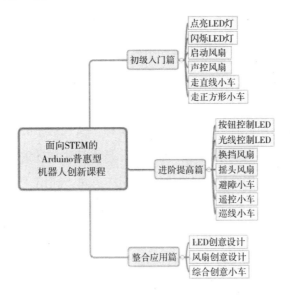

附录·图 25　面向 STEM 的 Arduino 普惠型机器人创新课程思维导图

（二）创新课程的实施

作为三大科学思维之一的计算思维是分析性思维、创造性思维和实用性思维的综合体，它是种运用计算机科学基本概念求解问题、设计系统和理解人类行为的方式，通常要经历问题分解、模式识别、抽象生成、算法开发等过程。计算思维作为一种能力，培养的过程需要潜移默化、循序渐进。教师在实际教学中，应着力创设培养学生计算思维的问题情境，以培养学生核心素养为目标，设计教学活动。

1. 计算思维与编程教学的关系

计算思维是信息科技学科核心素养之一，是分析性思维、创造性思维和实用性思维的综合体，也是一种运用计算机科学基本概念求解问题、设计系统和理解人类行为的方式，通常要经历问题分解、模式识别、抽象生成、算法开发等过程。计算思维作为一种能力，培养过程需要潜移默化、循序渐进。在实际教学中，教师需要着力创设有效的教学情境以培养学生核心素养。

计算思维是一种抽象的思维活动，算法将这种思维活动具象化，描述成具体的方法与步骤，而程序设计则是算法在计算机上的正确实现，它是计算思维的最终结果。

例如，求解：S=1+2+3+……+ n。我们思考"从 1 累加到 n"的解决方案，算法考虑采用何种方法、通过何种步骤来实现这个方案，如何输入与输出、怎样用循环实现累加等；程序设计是将算法描述的方法与步骤转换成计算机能读懂的指令代码，比如使用循环语句，利用"S=S+i"赋值语句实现累加等，使程序能够在计算机上运行并获得正确结果。

由此可以分析出，计算思维包括算法、评估、分解、抽象、概括等多种计算思维方式，程序设计是计算思维解析抽象出来的解决问题方法得以自动化运行的重要途径。很多编程教学从计算机编程基本语法入手，忽视了程序设计思想和方法的引领，因此我们应该着重引领学生体验利用计算思维解决问题的完整过程，而不仅是教会学生某种编程语言。

2. 编程课程设计

小学生信息科技课时非常有限，学生没有精力，也没有时间学习难度太大的编程知识。由此，我们精心设计了图形化编程课程，将有限的时间用于培养学生计算思维。

下面以"规则图形我来变"为例，介绍图形化编程教学策略。

项目简介：

本项目是利用 Scratch 编程工具，通过绘制规则图形来探寻数学规律，综合应用数学、技术、艺术等学科知识，提升学生创新意识和动手实践能力。

学习目标：

掌握"图章""重复执行"代码块的运用技巧；观察案例图形，推导出公式：2N–1 的数学规律，从而计算出每层小球的个数。

知识链接：

通过观察实物印章功能，迁移到"图章"的运用；

在已有的框架文件中进行修改，绘制出正方形，能够根据已有的条件，计算出小球移动距离，掌握"运算"代码块的使用；

通过比较两种正方形程序的绘制，认识变量，并掌握使用"变量"的优点；

修改已有的框架文件，利用变量，绘制出三角形，能够根据数学关系公式，计算出每层小球的个数；

能够学会修改程序，得出更多的美丽图案（见附录·图 26）。

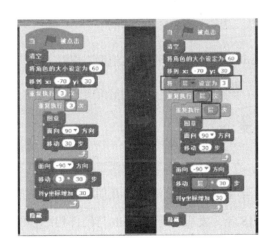

附录·图 26　部分程序及效果展示

四、研究成果

目前来看，制约农村小学开展 STEM 教育的一个重要因素就是缺乏课程资源，我们为此进行了 STEM 教育创新课程群的研究与实践，取得了一定成果。

（一）荣获奖项

2016 年，我校自主开发编程游戏《字母消消乐》获得山东省创客大赛二等奖；2017 年，我校自主研发的寻宝机器人获得威海市第七届中小学生科技节一等奖；2019 年，我校自主创作的动画《我，只是一棵树》获得山东省电脑动画大赛一等奖；2019 年，获得"'一带一路'超级轨迹赛"小学组机器人二等奖和三等奖。

（二）应用推广

学校研发的 Arduino 开源校本课程实施后，学生自主开展的创新实践项目"环境监测网站"获得威海市青少年科技创新大赛创新项目三等奖。

（三）学术交流

2016 年 11 月，在山东省创客教育教学培训研讨会上执教"环境监测网站"公开课；2018 年 11 月，在威海市第八届中小学科技节上执教"寻宝机器人"公开课；2018 年，发表关于 Scratch 与硬件相结合的省级论文；参加第五届全国中小学 STEAM 教育大会；等等。